【项目基金】：江苏省高等教育教改研究重点
时代摄影教学模式改革的理论与实践研究》资
2021JSJG195）

在线开放课程与教学创新研究

严昊　著

吉林出版集团股份有限公司

全国百佳图书出版单位

图书在版编目（CIP）数据

在线开放课程与教学创新研究 / 严昊著. -- 长春：
吉林出版集团股份有限公司, 2022.8
ISBN 978-7-5731-2020-5

Ⅰ. ①在… Ⅱ. ①严… Ⅲ. ①网络教学—教学研究
Ⅳ. ①G434

中国版本图书馆CIP数据核字(2022)第161106号

在线开放课程与教学创新研究

ZAIXIAN KAIFANG KECHENG YU JIAOXUE CHUANGXIN YANJIU

著　　者　严　昊
出 版 人　吴　强
责任编辑　尤　蕾
助理编辑　杨　帆
装帧设计　谭婷内
开　　本　710 mm × 1000 mm　1/16
印　　张　14.5
字　　数　215千字
版　　次　2022年8月第1版
印　　次　2022年8月第1次印刷

出　　版　吉林出版集团股份有限公司
发　　行　吉林音像出版社有限责任公司
　　　　　（吉林省长春市南关区福祉大路5788号）

电　　话　0431-81629667
印　　刷　三河市嵩川印刷有限公司

ISBN 978-7-5731-2020-5　　定　价　55.00元

前　言

我国高等教育自改革开放以来,经历了波澜壮阔的四十年历程,虽然在规模、质量、公平和国际影响等方面取得了历史性成就,但依然面临发展失衡和大而不强的问题,变革之路仍然任重道远。百年中国梦,唯有靠教育。在线开放课程的出现为解决中国高等教育发展中遇到的问题提供了契机。

近年来,中国特色在线开放课程的建设与应用,为破解校际教学质量差距大、区域之间发展不平衡等问题提供了有效方案,推进了教育公平,促进了教育质量提升,已经成为新时代加速高等教育教学改革的重要引擎,是实现中国高等教育"变轨、超车"的关键一招。

为了深入研究在线开放课程与教学创新,在进行本书撰写时分四个部分进行探究。其中:第一部分阐述新时代高校教育变革情况,并从在线开放课程的起源发展及价值取向方面进行研究,对在线课程教学创新及学习需求的内容进行分析,得出需求类型;第二部分从互联网时代背景出发,对在线开放课程的教学进行探索,从教学模式和学习支持服务方面明确在线开放课程的学习理论,同时对在线课程的设计、设计内容、开发、脚本等进行研究,从技术层面着手明确在线开放课程的必然性;第三部分从实际创新应用角度出发,结合典型案例验证在线开放课程创新应用的实际效用,结合课程和学校两大层面,推动在线开放课程实现教学建设的目标并取得优秀的学习效果;第四部分从技术、融合创新方面对在线开放课程的教学应用进行展望，结合当下互联网时代背景，探索在线开放课程的发展前景。

全书在撰写过程中参考查阅了大量的论文、期刊、著作和文献资料，吸收了国内许多资深人士的宝贵经验和建议，获得了有关部门和同事的大力支持和帮助，在此表示诚挚的感谢。由于撰写时间和经验所限，加之作者能力有限，书中难免存在缺漏，烦请读者指出不足之处，以便修改和完善。

作　者

2021 年 10 月

目　　录

第一章　绪　论

中国传统典籍《孟子》中有言："君子有三乐，而王天下者不与存焉。父母俱在，兄弟无故，一乐也；仰不愧于天，俯不怍于人，二乐也；得天下英才而教育之，三乐也。"（《孟子·尽心上》）这是"教育"一词的东方起源。儒家学派的创始人孔子把教育、人口和财富作为国家的三大要素，可见其重要性。历史的车轮不断向前，步入 21 世纪的人类不断攀登科学高峰，所创造出的一个个科技进步成果不断改变着社会形态和生活方式。以人工智能、大数据、互联网为代表的新兴科技已深入融合至人类社会各行各业之中，成为产业升级和社会进步的内生动力。中国特色社会主义进入了一个新时代，社会的主要矛盾已经变成了人民日益增长的美好生活需要和不平衡不充分的发展之间的矛盾。这迫切呼唤创新现有教育教学，为建设社会主义现代化国家、提高国家竞争力提供有力保障。

第一节　新时代高校教育教学变革

新的教育模式，如翻转课堂、在线课程和创客，正在迅速发展，影响着原来的教学模式。信息技术深刻地改变了教育的面貌，并敦促改变大学教育教学。"互联网+"教育是一个不可改变的时代趋势，是高等教育教学与改革的趋势。许多学者建议学校通过互联网改变教育，学习新的教育服务模式。一些大学也开始通过互联网模式办学，促进高等教育的结构性变化。然而，在变化过程中还面临着许多困难和问题，比如对主题课程的不知情应用、教学的效力不明确，以及任意的管理收集等。学校作为人才培养的主要作用是至关重要的，学校教育的主要方式是课程。未来的"互联网+"教育将强调课程设计，整合高质量教育教学资源，建立教育在线超市，提供公共教育服务。目前利用互联网思维来改革教学的研究和实践，主要是在学校和课堂上开始的，这无法满足教学的需求。因此，还需要学习如何利用互联网创新学习、有效地扩大教育服务，以实现学生的全面发展。

一、"互联网+"教育教学变革路向

"互联网+"教育不仅是简单的在线教育，而且是教育信息发展的一个新阶段，是促进教育变革的技术基础。对于高等教育来说，"互联网+"教育的本质是利用互联网思维来刺激高等教育的增长，并将其融入每一个高等教育课程中。我国互联网的发展具有明显的中国特色，"互联网+"教育不断呼吁教育创新与互联网思维，它迫切需要在实践层面探索最佳的方法和想法。利用互联网作为创新教学的实践，重建现有的课程模式，将教学过程进行重新创建，并将创新组织管理作为安全手段。

（一）互联网思维及其特征

互联网的不断发展，使人们的生产生活方式重组，这背后是由一种叫作互联网思维的新发展模式和实践驱动的。"互联网思维"最初是由百度创始人李彦宏提出的。在这之后，"互联网思维"迅速流行，被用在各行各业。

互联网思维是互联网时代结合实践的全新思维。它的主要功能是跨境融合、开放平台、用户至上、免费、核心体验、大数据应用。互联网思维是一个基于大量数据和丰富资源的三维思维，其特点是追求颠覆性创新。因此，"互联网+"教育不是在线教育，而是基于互联网作为基础设施和创新因素、组织模式、服务模式、教学模式等的变革思想。

（二）"互联网+"课程模式

课程指的是学习者应该学习的学科、过程和安排。课程包括一系列的结构元素，不同的研究人员对这些结构有不同的看法。RalahW. Tyler 在 1949 年出版的《课程与教学的基本原理》一书中提出了著名的"泰勒原理"。他问了四个基本问题：（1）学校应该追求什么教育目标？（2）为实现这些目标提供什么样的教育经历？（3）如何有效地组织这些教育经历？（4）如何确保这些目标正在实现？[①] 泰勒提出了指导原则、步骤、要求和程序，基于每个问题的全面学习，创建了一个足够完整、系统和可执行的模式。施良方认为，完成课程计划的整个过程包括确定课程目标、选择和组织课程内容、实施课程，以及评价课程。[②] 这反映了课程的四个要素，即课程的目的、课程内容、课程实施和课程评价。

过去，互联网被视为补充教学的媒体、终端或平台，但互联网并没有对整个课程系统带来重大的变化。现在，互联网所扮演的角色是非常重要的，它不断地给整个系统带来新的变化，当所有的变化相遇时，实现了从定量增长到质量跳跃的过程，进而从根本上改变程序和规则。因此，以互联网为基础的课程模式应该包括课程的目标、课程的内容、课程的实施、课程的评价和互联网这五个元素。作为课程模式的一个元素，互联网丰富和影响了传统课程，重新创造了原始课程的模式。在此基础上，本节提出"互联网+"课程模式，如图 1-1 所示。

"互联网+"课程模式由重构课程目标、重组课程内容、再造实施流程、变革课程评价和创新课程要素五部分组成。

---

① 拉尔夫·泰勒. 课程与教学的基本原理［M］. 罗康，等译. 北京：中国轻工业出版社，2014.

② 施良方. 课程理论——课程的基础、原理与问题［M］. 北京：教育科学出版社，1996，81-150.

1. 重构课程目标

课程目标是整个课程的一个合乎逻辑的起点。它规定课程内容的选择和组织，不仅是应用课程的基础，还是课程评价的主要指导方针。课程目标必须建立在"互联网+"时代人才开发的需求和目标之上，并符合课程的特征。

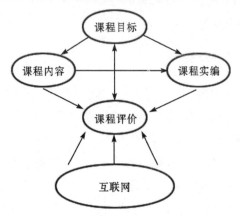

图1-1 "互联网+"课程模式

2. 重组课程内容

课程内容是课程的核心。它是根据课程的直接目标而选择的，其既定的理性水平也限制了目标。课程内容是课程应用的关键，并影响课程执行中的教学和学习活动的方式。教学方法、组织形式等在课程执行中应考虑课程内容的性质和要求。课程内容也是课程评价的基础。此外，课程内容还必须依托"互联网+"时代教书人的特征，进行一系列的重组、设计和开发。

3. 再造实施流程

课程实施是一个动态的实践过程，它对课程效果的影响至关重要，它是课程目标和课程评价的中间枢纽。课程实施需要明确的目标，也需要考虑课程内容的效用、复杂性和需求，以及它们是否满足实际对象的需求。课程实施包括过程评估，结果和效果的应用也是课程评估的对象。此外，课程实施必须结合互联网提供平台、工具和资源开展教学和学习活动，动态调整的课程资源和服务等。

4. 变革课程评价

课程评价是对整个课程过程和产品的审查和评估。这些用于审查课程效率、目标实现等，为调整课程目标提供了基础，同时为进一步的课程实施提供了改进建议。课程评价还需要对课程内容进行评估。此外，平台可以用来自动跟踪学生的每日学习路线，收集行为过程数据，准确评估课程学习，并为课程改进提供有效的指导。

5. 创新课程要素

互联网是课程的一个创新元素，发挥了它自己的特点。根据"互联网+"和学习者学习需求的综合课程，将重点放在不同水平的学习者期望上，以提供清晰的学习目标；帮助发现专业与人文、理性与情感、传统与创新之间的交叉点，这些交叉点为改变课程提供了明确的指导；提供先进的基础设施，为课程实施提供舒适的条件；整合数据思想，结合所有数据和信息，为课程评价提供坚实的基础；思想的融合，连接各种社交网络，形成一个充满幻想的沃土，实现课堂的互动。

二、新时代高校一流课程的建设

新时代高校课程建设应该以课程和教义为指导，教义表明了课程的目标和功能，明确了"金课"的价值；它突出了"互联网+"时代融合的创新概念，在课程目标、内容、技术应用、模式和课程评估方面构建了"金课"；重视"教师是教育发展的第一资源"理念，建立高校教师能力框架，包括道德智慧、专业水平、教学能力、信息素养和教学创新，为我国开始大规模"金课"建设提供理论参考和实际指导。

（一）建设背景

改革开放以来，中国高等教育经历了 40 多年，从奠基、改革、大众化到蓬勃发展。尽管在规模、质量、公平和国际影响方面取得了历史性成就，但仍然面临着发展不平衡、大而弱的问题。新兴的技术，如第五代移动通信和人工智能，促进了社会变革，也为高等教育的发展提供了重要机会。

课程建设是提高教育质量的重要阶段。国内外课程建设长期以来在创新课程发展、更新课程内容和形式、重塑课程系统、更好的课程管理和评价方面有着丰富成功的经验。在彻底改变课程建设理念的过程中，西方建成了创造性的课程框架；我们的国家，在现代教育思想的指导下，为发展适应社会发展所需的人才，决定以高校课程的结构为导向设计课程结构。在更新课程内容和形式方面，德国设计了一项职业活动来开发课程内容，创建"双师型"课程模型，并影响世界各国探索学术整合的课程形式；我国学者杨宗凯将信息技术与高校人才发展系统相结合，采用真实课堂和网络课堂相融合的混合式教学，有效地创新课程内容和形式。在课程重组中，英国牛津大学将跨学科思维融合起来，创建一个合并的课程系统；北京高校将通识教育、职业核心和创新创业课程融合，形成了"三位一体"的课程体系。北京高校教育资源、职业核心和形成"三位一体"课程系统。在完善课程管理和评价方面，世界各国制定了一系列政策文件，以确保高校课程规范、科学管理和学术评价就像英国华威大学用多种评估方法组成的课程评价体系那样；我国也发布了相关的文件，为课程设定了多元化、个性化的评价标准。这些对国内外课程发展的理论研究和实践，为创新课程的发展方法提供重要和有益的指导。

目前，高等教育探索主要集中在知识学校建设、共享数字资源、教学创新发展和教师团队建设等领域。关于智能校园建设，刘革平等建议在智能校园结构上分层"4+1"①，罗征等建议启动建立一个基于智能链的操作学校②。在数字资源共建共享方面，上超望等建构了云环境下面向区域教育资源共享的分层框架模型③，张轶和曹莹基于大数据提出数字化教学资源的多元化共建与共享策略④。在教育教学创新发展方面，谢幼如等基于后现代主义教学观，提出融合翻转课堂与大规模在线开放课程的 MF（Mooc-Flipped classroom）教学模式⑤；张忻忻和牟智佳从理论层面提出数据化学习环境下的精准教学模式和实现路径⑥。关于建设教师队伍，混合训练模式逐渐成为高校教师职业发展的新方法；关于建立教

① 刘革平，钟剑，谢涛．基于流程驱动的高校智慧校园基础架构研究与实践［J］．中国电化教育，2019，（4）：23-28，35.

② 罗征，李正，孙雨．基于全业务链的高校智慧校园研究——以西安欧亚学院为例［J］．现代教育技术，2019，29（5）：59-64.

③ 上超望，吴圆圆，刘清堂．云环境下区域教育资源共享的分层框架设计研究［J］．中国电化教育，2016（12）：67-72.

④ 张轶，曹莹．大数据背景下数字化教学资源的多元化共建与共享［J］．江苏高教，2017（11）：71-73.

⑤ 谢幼如，倪妙珊，柏晶，等．融合翻转课堂与 MOOCs 的高校 MF 教学模式［J］．中国电化教育，2015（10）：40-46.

⑥ 张忻忻，牟智佳．数据化学习环境下面向个性化学习的精准教学模式设计研究［J］．现代远距离教育，2018（5）：65-72.

师队伍，综合培训模式逐渐成为学院教师职业发展的新方法。北京外国语大学深层互动"线上+线下"的综合培训方法促进了信息时代教师专业的发展①；叶玲娟探讨教师专业发展"内生模式"的动力取向，提出教师发展"外控模式"的协同实践②。总之，高等教育信息已经从对环境资源、教学创新和教师体系的发展逐渐转移到创新引领，但对教师技能还须进一步提高，以促进课程建设。

（二）建设方法

融合创新是"互联网+"时代最重要、最显著的特征。根据"金课"的价值导向与建设标准，为了打造"金课"，排"水"添"金"，必须采用融合创新的建设方法。

1. 目标融合创新

课程目标是设计课程内容，也是实施课程评估和课程教学的重要基础，以及优化国家课程和学校发展的目标。一般来说，课程目标的设计要以对人的培养为出发点，以社会需要为重要背景，以专业知识为主要媒介。目前，高等教育课程目标的设计和执行出现了失败，课程目标集中在学生的发展能力上，低估了学生思想价值的建立，将重点放在学习上，而忽略了学生的核心作用。因此，需要将有机目标发展成"金课"课程目标，关注学生的思想质量，专注学生的能力发展，并突出学生的主要位置，进而培养社会所需要的德智体美全面发展的人才。

2. 内容融合创新

课程内容是课程的核心，指的是学习课程中涉及的特定原则问题的事实、观点。目前，课程设计几乎系统地反映出知识和经验，但也有诸如缓慢的更新水平、过时的理论和实践、很难发展学生技能和很难满足社会现实需求等问题。"金课"建设要求高校在系统分析社会发展实际需求和人才培养基本要求的基础

———————————

① 任小媛，王志军，王诗佳. 基于MOOCs的混合式培训模式研究——高校新教师专业发展的新途径［J］. 现代教育技术，2016（8）：76-82.

② 叶玲娟. 高校教师专业发展中"内生模式"与"外控模式"的协同效应［J］. 江苏高教，2017（4）：65-67.

上，对课程基础内容进行重组和优化，不断推动课程的更新。同时，根据国家发展的需要，根据不同学科研究新动态、新实验项目开发使用的新要求、新变化的社会需求和人才培养，积极推动建立"新的科学工业、新的医学科学、新的农业科学、新文科"，以提高国家硬实力、文化软实力和生态增长实力。

3. 技术融合创新

通过将信息技术与教育更深入地结合起来，信息技术本身逐渐成为教学过程中的一个重要组成部分，并在创造智能学习环境、创新教育模式和变革教学评价方法方面发挥了无可比拟的替代作用。在"金课"的建设和实施中，在线教学可以使用智能手机、平板电脑等移动终端进行；课堂和实验室可以通过人工智能技术、物联网、学习分析等一系列技术来打造，并使用网络工具（如思维导图、几何图形表等）进行教学；还可以通过结合多种信息技术方法将其融入社会实践教学的过程中，来提高教学效率。因此，通过信息技术和教育元素相结合的方式建设的"金课"，不仅可以创建智能的学习环境，改变传统教学形式，还可以提高课堂教学的效率。

4. 模式融合创新

教学模式是在特定的教学思想或理论的指导下建立的教学活动，这是一个连接理论和实践的纽带。强调融合创新，构建线下"金课"、线上"金课"、线上线下混合式"金课"、虚拟仿真"金课"和社会实践"金课"，推动了以教学为中心的教学模式转变，实现"六卓越一拔尖"的目标。

5. 评价融合创新

课程评价是对课程进行价值评估，是测试课程是否能有效地实现学校教育目标，然后实施改进策略。在传统教学中进行的评估主要是以现场聆听和观看课堂记录的方式进行的，这种依赖经验和观察的评估方式可能反映出教学问题背后的一些实际问题，但不能客观和全面地找出教学原因背后的深层原因。

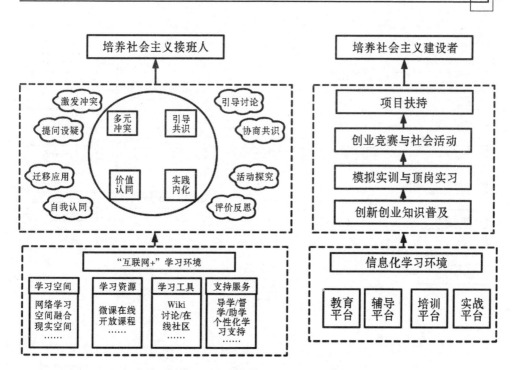

图1-2 社会实践"金课"模式

新时代强调融合与创新，因此，"金课"教学评估可以通过多种方式进行。例如：教师、学生、家长为主体，进行自我评价、相互评论、教师评估、教学目的评估、教师互动和课堂能力评价等。使用新的信息技术，记录和分析教师教学过程、教师日常活动数据、学生学习过程和科学的学习行为，并准确地反映实际教学情况。

三、新时代高校教师的教学胜任力

拥有"金课"资格的教师，不仅符合高等教育学院发展的现实要求，也为高校教育中心的培训活动设计提供了必要的基础。胜任力是将成就者与组织中普遍存在的个体分开的潜在特征。"金课"教师的胜任力是不同教师在构建"金课"过程中的内在性质和潜在因素。结合习近平总书记提出的"四有"教师标准、21世纪教师的核心素养等，对标"金课"建设评价标准，笔者构建了高校教师"金课"胜任力框架，该框架包括道德情操、专业水平、教学能力、信息素养与教学创新五个方面，具体如图1-3所示。

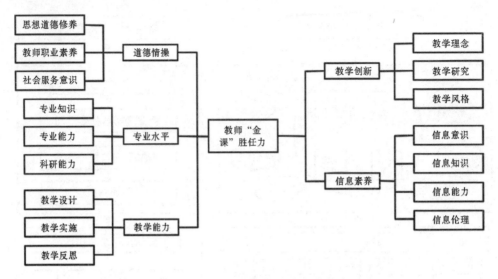

图 1-3　教师"金课"胜任力框架

（一）道德情操

道德情操是教师"金课"胜任力的灵魂。道德情操是塑造"金课"教师形象、提高"金课"教学效果的关键，主要包括思想道德修养、教师职业素养与社会服务意识三个方面。

1. 对教师来说，思想道德修养是能够做"四个引路人"的重要基础

"金课"教师必须将其与自我提升相结合，充分发挥自己的作用，改善学生的品格，提供有关世界观、价值观、学生生活观念的教育指导，从而履行教书育人的基本职责。

2. 教师职业素养是教师从事教育工作时应遵守的行为规范和规则

"金课"教师必须有高水平的专业知识、强烈的职业认同和强烈的职业信念，坚持用正确的观点、正确的理论和正确的行为来影响学生。

3. 社会服务意识是社会主义价值观的基本需求

"金课"教师除了具备先习思想和知识传播之外，还要直接将这些知识和文化转化为社会生产力和社会利益，用自己的文化知识奉献社会，服务于社会。

（二）专业水平

专业水平是"金课"教师能力的重要内容。专业水平是教师专业技能、教师在从事专业工作时所期望的知识和技能的外在表现，以及教师在参与专业研究活动方面发展形成的能力，其中包括专业知识、专业能力与科研能力三方面。

（1）专业知识是一种系统的知识，在某些专业领域相对稳定。"金课"教师必须有必要的技能来理解所教授的基本知识系统、思想和方法，掌握所教授课程的基本知识、基本原则和技能，并结合学生的认知特征进行教学内容。

（2）专业技能要求"金课"教师了解相关行业的基本情况和人才需求，以及世界研究专业知识水平，为学生提供个人指导。

（3）科研能力是高等学校的生命源泉，教育科学研究是教育发展的第一生产力。"金课"教师在课堂上做研究并引入研究结果，能有效地促进教学材料的更新。

（三）教学能力

教学能力是"金课"教师能力的核心。教师教学能力是在不同教学环境中支持教师所需的个人品质、知识、技能和态度的结合。在新时代的背景下，信息工具和课堂教学转向融合创新，鼓励教师教学能力在教学设计、教学实施、教学评价和教学反思等方面特别地改变。

（1）教学能力和设计能力是教师标准与专业发展的重要组成部分。"金课"教师应该使用信息化教学工具进行分析和判断学情，并能够很好地按照教学目的的要求绘制教学材料，设计教学过程，并强调教学重点和难点，从而保证"金课"教学的有效性。

（2）执行教学的能力体现在实践教学中。"金课"教师在实施教学过程中，应该严格遵循"以学生为中心"的思想，仔细考虑教学环境的一致性、教学活动的多样性、教学工具的多样性、教学互动的有效性、教学效果的重要性和教学评估的多样性。

（3）教学评价能力是教师根据特定的评估标准来评估教学情况的能力。"金课"教师应该具备评估不同类型学生的能力，以便从各个方面了解学生的真实情况。例如，"金课"教师可以将定性评价与定量评价、形成性评价与一般评价、自我评价和相互评价等方法结合起来，实现多元化教学。

11

（4）教学反思能力是教师批判性评估自己的行为和情况的能力。"金课"教师应该有更强的反思能力，基于教学的实际情况，指导学生采取改进行动，以优化教学。

（四）信息素养

信息素养是"金课"教师能力的内在要求，这种能力是教师适应信息社会的必要条件，是实现自我发展的重要支持。"金课"教师信息素养包括信息意识、信息知识、信息能力和信息伦理四个方面。

（1）信息意识就是对信息的感觉水平。"金课"教师必须对高水平的、高搜索的信息有高度的主动关注度，能够根据自己的实际需要进行主动搜索、调用信息，并可以在教学"金课"中使用这些信息。

（2）信息知识与理论、知识和处理信息的方法有关，这是获取信息和进行识别的基础。"金课"教师应该具备某些理论和知识，能够根据教学要求选择正确的方法获取信息，并筛选适当的信息来源，从而满足学生的需求。

（3）信息能力是信息素养的重要组成部分。"金课"教师应该有能力快速收集信息、有效评估信息、准确表达信息、灵活调整信息、快速创造信息，并及时传递信息。例如，"金课"教师能熟练地使用办公软件、搜索引擎或通信软件来发布和传输信息等。

（4）信息伦理是信息收集、处理、部署和创新过程中必须遵守的基本规则和要求。"金课"教师应该认真遵守道德准则，使用信息工具，支持信息协议，以提高自我价值。

（五）教学创新

教学创新是教师在"金课"中的力量源泉。教学创新是不断提高课堂教学质量和推进教学改革的动力。教学创新主要体现在教学概念、教学研究和教学风格的三个方面。

（1）教学的概念是一个人如何看待和持有教学活动的基本态度和想法，是人们参与教学活动的信念，它对管理教学活动有着至关重要的指导意义。"金课"教师必须有能力终身学习，不断完善自己的知识体系，并以创新的想法指导教学活动和过程。

（2）教学课程主要与教学过程中出现的问题有关，利用科学研究方法和课堂教学来研究教学法则的创造性活动。"金课"教师应该有敏锐的教学意识，能够使用科学研究方法来解决教学过程中出现的问题，并利用研究结果来指导实践教学，进而有效地提高课堂教学效果。

（3）教学风格反映了教师性格的个性。"金课"教师不仅要有高度的自信和自律，还要有更强的灵活性和不可动摇的耐力，还要有意识地利用信息化教学工具，相信自己可以成功地开展教学活动，并且可以灵活地调整教学方法和手段，来创造稳定的教学风格。

第二节　在线开放课程的起源与发展

一、在线开放课程的起源

近年来，随着现代信息技术和计算机网络技术在教育领域的广泛应用，以慕课即大规模开放在线课程（massive open online course，MOOC）为典型应用形式的在线开放课程（open online course）在当今世界教育领域发展十分迅速，也得到了广泛的应用和推广。我们在研究在线开放课程时应该充分了解其"前世今生"，即从在线开放课程的起源及其发展为切入点进行研究探索。开放在线课程的起源可以追溯到20世纪60年代。1962年，被誉为"鼠标之父"的美国发明家道格拉斯·恩格尔巴特，推出了一个关于教育的全面研究项目，题目是《增进人类智慧：斯坦福研究院的一个概念框架》。他在这个计划中提出一种新的理念和观点，就是把计算机作为一种能够协助增进人类智慧的信息工具和技术手段应用于教育领域，并阐述了把这一教育理念变为现实的可能性。道格拉斯·恩格尔巴特极力倡导人们把个人计算机与"互联的计算机网络"结合起来，促使个人计算机广泛传播并形成世界范围内的大规模信息分享效应。此后，长期热衷于研究通过计算机技术的应用来推动教育变革的广大教育者，发表了许多学术文章、研究报告等，在文章和报告中，他们都鼓励和努力推进教育进程，鼓励使用计算机技术作为改革"失败教育系统"的手段。

（一）国外在线开放课程的发展

在线开放课程始于麻省理工学院的开放课程。2001 年 4 月，当时的麻省理工学院校长查理斯·维斯特宣布了开放式课间项目，这是开放课程的开始。麻省理工学院教授俞久平希望学习超越校园的墙壁和时间限制，使世界各地感兴趣的人能够进入麻省理工学院的高质量课程和资源。OCW 的资源和内容通常不提供讲义、教学大纲、作业、考试等的学位、学分、认证或教师访问。麻省理工学院的公开项目，分享了高质量的教育资源，吸引了许多人的访问，受到世界各地不同组织的密切关注。

2002 年，联合国教科文组织正式命名开放教育资源。开放教育资源不仅包括开放课程的资源，还包括支持教师教学质量保证的工具、软件和技术。最初，世界各地的许多大学把课程放到网上，这些课程主要是文本格式的。随着互联网技术的发展，学校开始上传一些视频音频文件、测试软件和支持科学的其他工具。

Udacity 是由斯坦福大学塞巴斯蒂安·特伦、大卫·斯塔文斯（DavidStavens）和麦克·索科斯基（Mike Sokolsky）于 2012 年注资成立的一个私立的营利性教育组织，其目标是实现民主教育。Udacity 的理念为（audacious for you，the student）期许学生勇于学习，因此结合"you"与"audacity"两词，命名为发音等同"you-dacity"的"Udacity"。Udacity 主打理工科课程，主要覆盖计算机科学、数学、物理、商务。其前身为 2011 年 Thrun 在斯坦福开创的免费计算机科学课程。Udacity 平台不仅有视频，而且有自己的学习系统，构建了编程、论坛和社会要素界面。Udacity 的每一门课程都进行得很仔细，包含了很多单元，每个单元都有很多知识模块，每个知识模块都有同样的练习和非常详尽的课堂笔记。Udacity 没有跟大学结成联盟，主要和个别专家学者以及知名企业，如 Google、Facebook 等合作，重点在科技领域的职前培训，课程没有开课日期，使用者可在任何时间学习，主要的盈利模式包括私人指导、实体与线上监考测验、证书颁发、企业合作等。

2012 年 4 月，美国斯坦福大学（stanford university）计算机科学教授安德鲁·吴（andrew wu）和达芙妮·科尔勒（daphne koll）创建了一个开放和免费的在线学习平台——Coursera。约翰·霍普金斯大学、加州理工大学、伯克利音乐学院、北京大学、清华大学等许多世界顶尖的大学都参加了这个课程。

Coursera 课程包罗万象，有艺术、人文、音乐电影、社会科学、法律、健康、营养学、教师专业发展、教育学、经济金融、商业管理、化学、生命科学、地球科学、物理、统计等。Coursera 希望能透过教育使人有效提升个人、家庭与所处社群的生活。其特别的教学理念"同济互评机制"，让同学在匿名的情况下，根据教师定出的标准替彼此评分。

edx 是麻省理工学院和哈佛大学在 2012 年 4 月创建的一个大型在线开放课程平台。其承诺平台非营利且开放资源，让其他学校可以降低提供课程的阻碍。该项目基于麻省理工学院的 MITX 项目和哈佛的在线教学项目，其主要目的是与学校内部教学合作，提高教学质量，促进在线教育。edx 旨在整合两所名校的师资，免费为大众提供大学在线课堂。edx 的目标是与世界一流的名校合作，建设全球范围内含金量和知名度最高的 MOOC，提高教学质量，推广网络在线教育。edx 的课程内容来自 MITX、HarvardX、BerkeleyX、UTX 和其他学校的交互式在线课程，与 MOOCoedx 的合作学校不多，课程包括化学、计算机科学、电子、公共卫生等，课程数量虽然相较 Coursera 而言少了不少，但是品质也就比较容易维持。除了在线相关课程教学外，麻省理工学院和哈佛大学还使用这些联合平台进行相关的教学，促进现代教学技术的应用，同时加强学生对在线课程有效性的评估。麻省理工学院和哈佛大学各资助了 Edx3000 万美元。

除此之外，还有一个非营利教育组织，由孟加拉国的美国人 salman khan 在其网站上创建的，名字叫作可汗学院。

英国公开大学（The Open University，OU）创立的第一个 MOOC 平台 FutureLearn。

德国创立的被视为欧洲的 Coursera 的免费 MOOC 平台 iversity（i 代表 internet，与 university 的 versity 合成为 iversity，意为网络大学）。

澳大利亚推出的免费 MOOC 平台——Open2Study，意为澳洲开放大学联盟（也称澳洲线上大学，OpenUniversitiesAustralia，OUA）。

日本的 MOOC 平台——schoo 是以传授"经营创业""商业技巧""科技与 IT 业界趋势"等为主题的网站平台。

（二）我国在线开放课程的发展

2011 年，教育部发表了《教育部关于国家精品开放课程建设的实施意见》，组织"985 工程"高校最先启动视频公开课建设试点工作。2012 年，43 个"精品视频公开课程"在中国的 3 个网站免费开放。到 2018 年底，教育部公布了 8 批、992 款"精品视频公开课程"。自 2013 年以来，教育部分 4 批认定了 2911 门"国家级精品资源共享课"。

随着"慕课元年"的确立，清华大学、北京大学、上海交通大学等大学加入了 Udacity、Coursera 和 edx。2013 年，上海交通大学与 Coursera 平台签订了合作协议；清华大学和北京大学成功地加入了 edx 平台；复旦大学推出了"大数据和传输信息"课程。其他大学也纷纷加入了 MOOC。2013 年，教育部大力推动在中国开办武藤（第一阶段）。2013 年，在教育部的大力支持下，中国开始建设 mooc，这一年也可以称为"中国 mooc 元年"。从此之后，课程的注册和完成逐渐增加，支持在线课程的平台也相继涌现。

2013 年 10 月，清华大学"学堂在线"慕课平台正式向全球发布。其网站主页如图 1-4 所示。

图 1-4 "学堂在线"网站主页 https：//next. xuetangx. com/

2014 年 3 月 29 日，人民卫生出版社联合国内 40 余家重点医学院校、科研院所等机构，发起成立了中国医学教育慕课联盟（人卫慕课），开启了中国医学教育"慕课元年"。截至 2018 年 4 月，联盟单位近 200 家，几乎涵盖了国内所有医学院校。其网站主页如图 1-5 所示。

2014 年 4 月 8 日，上海交通大学成功自主研发的中文慕课平台"好大学在线"正式上线发布。其网站主页如图 1-6 所示。

图 1-5 人卫慕课网站主页 http：//www.pmphmooc.com/

图 1-6 "好大学在线"网站主页 https：//www.cnmooc.org/

2014 年 5 月 8 日，高等教育出版社"爱课程"网的中国大学 MOOC 开通。中国大学 MOOC 与国内的 40 余所"985 工程""211 工程"高校合作，以参与建设高校及课程团队数量、课程及教学资源数量、选课人数等稳居国内 MOOC 平台之首，而成为中文 MOOC 第一大平台。截至 2020 年 2 月底，中国大学 MOOC 已有 608 所合作高校。其网站主页如图 1-7 所示。

图 1-7　中国大学 MOOC 网站主页 https：//www. icourse163. org/

2014 年 5 月 12 日，由深圳大学发起并成立了全国地方高校 UOOC（university open online courses，大学在线公开课）（优课）联盟，成为首个全国地方高校优质 MOOC 课程资源共享平台。其网站主页如图 1-8 所示。

图 1-8　优课联盟网站主页 http：//www. uooconline. com/

2015 年 2 月 19 日，华文慕课平台正式在北京大学校内院系一级进行试用。其网站主页如图 1-9 所示。

图1-9 华文慕课网站主页 http：//www. chinesemooc. org/

最初，中国的MOOC学生主要分布在一线城市和教育大城市，学生比例高。2015年4月，教育部出台教高〔2015〕3号文件《教育部关于加强高等学校在线开放课程建设应用与管理的意见》，该文件的出台标志着我国在线开放课程建设工作进入政府主导的规范化轨道。截至2019年4月，教育部设立了1291门全国精品开放在线课程，mooc数量达到1.25万门。中国的mooc是从小到大、从弱到强的。mooc的总数量、参与学校的数量和学生的数量都处于世界领先地位，中国已经成为mooc的世界强国。

2019年4月9日，北京举行了一次盛大的mooc会议，主题是"识变、应变、求变"。大会的重点是提高教育质量、教育公正和教育的发展和应用，为推动教育现代化向纵深发展、建设学习型国家开辟更为广阔的前景。教育部领导做了题为"适应新时代新要求努力建设世界一流水平的中国慕课"的讲话。为了完成更公平、更好的高等教育，以及更有效的学习和管理教育，600名代表共同发表了《中国慕课行动宣言》。以互联网为基础的课程、当前的发展和趋势是教育领域以及整个社会讨论的焦点，一门高速发展课程已经成为提高教育质量和促进教育平等的重要战略步骤，并成为中国教育现代化的强大推动力。

（三）线上线下混合式教学课程

在mooc模式下，高等教育的综合学习方法的应用已经多次尝试和测试，大型在线课程向学生展示了一种全新的在线学习方式。学生有一个明确的学习时间框架，可以自由选择相关的知识模块，并根据课程要求与他们自己的需要结合在一起。课程材料不是通过使用世代学习方法获得的。目前，线上线下混合式教学在各个学校的应用逐步推开。

2002年，斯密斯·J与艾勒特·马西埃提出了"混合教学"的概念。"混合教学"是网络学习的优点和传统教学模式的优点相结合，充分利用教师指导和监督的教学过程，鼓励学生从被动学习转变为主动学习。

在学校特别是高等学校的教育教学中，线上线下混合式教学模式的典型应用形式就是翻转课堂。"翻转课堂"概念是从"aflipped classroom"或"ainverted classroom"翻译过来的，也可以翻译成"颠倒课堂"，是指重新设计和调整了课堂内外的结构与时间，将课堂学习的最终决定权从授课教师手上转移给学生。在这种教学模式下，在有限的宝贵时间内，学生能够更加专注于主动、基于项目的学习，共同研究解决本地化乃至全球化的问题与挑战，从而使学生获得更深层次的认识和理解。教师不再占用课内时间来讲授课程内容，这些内容需要学生在课前完成才能进行自主学习，他们可以通过观看网络视频讲座、听网络博客、阅读电子书，还可以在社交网络上与别的同学进行讨论与交流，能在任何时间去查阅需要的材料。在课后，学生可以规划学习内容，掌握学习节奏，以适合自身的风格与方法进行自主学习，教师则可以采用讲授法和协作法来满足学生的需要和促成他们的个性化学习，最终目标旨在让更多学生通过课堂实践活动获得更真实的课堂学习。这种翻转课堂的模式实际上是大学教育活动的一部分，它与混合式学习、探究性学习、其他教学方法和工具在含义上有所重叠，都是为了让学习更加灵活、主动，让学生的参与度更强。在互联网时代，学生通过互联网学习丰富的在线开放课程，不必一定要到学校接受教师讲授。互联网尤其是移动互联网催生"翻转课堂式"教学模式。"翻转课堂式"是对基于印刷术的传统课堂教学结构与教学流程的彻底颠覆，由此引发了教师角色、课程模式、管理模式等一系列变革。

二、在线开放课程的特点与主流模式

（一）在线开放课程的特点

在线开放课程属于在线程序类别。在线课程是通过一个在线演示对象进行的教学活动的总和。北京师范大学武法教授说，在线课程是在线学习环境中旨在实现某一学科课程目标的学习和教学的集合。丁兴富认为，在线教学课程是教师教学课程与学习者网络学习相结合，让传统学校的教学，成为在线远程学习材料占80%以上的教学课程。从根本上说，在线开放课程是按线上和线下的教学内容来划分的，这仍然属于课程的内容。但在线开放课程采用了一种全新的课程模式，其特点与传统教学模式截然不同，改变了教师和学习者的角色。MOOC是人们常见的一种在线开放课程，即"互联网+教育"课程。它坚持注重教育概念的方法，以促进融合，深化教育和信息技术，恢复课程制度和教学模式，这是一种针对大量新的网络教育模式的模式，人们可以通过网络分裂，进行独立学习。与传统的在线课程相比，mooc是一种以"微视频"+"课堂互动测试"为基本教学单元的组织学习模式，借助互动测试、作业、提出的问题和回答问题等方法，进行教学互动和研讨会。课程教学活动在统一、标准化的学习平台上完成。通常可以提供学习证书和注册学分。mooc提供在线视频课程资源、材料和在线服务，也为学生提供交流互动社区，它把渴望学习和想要帮助他人的专家"会聚"在一起，形成成千上万的人同时学习一门课程的壮观景象。更有趣的是，mooc几乎是免费的，甚至没有门槛，学习时间相对自由，学习环境没有限制。

以慕课为典型应用的在线开放课程，具有传统课程的一般属性，包括教育目的、教学内容、教学资源、教学效果、教学评价等课程的元素。在课程演示中，与传统课堂的教学模式不同的是，使用信息技术以多媒体的形式出现，如文字、图形、图片、音频、视频、动画等，使用网络支持平台上的信息技术。在线教学设计课程的学习过程具有互动、开放、尊重和自主性的特点。在教学环境中，在线教学和学习课程是一个独立于空间和时间的虚拟环境。在线开放课程除了提供课程视频和测试外，还开放用户互动交流，为教学和相互学习提供反馈。

——在线开放课程结合了各种各样的社交网络工具和数字资源，创造了丰富的学习工具和课程资源，展示了工具资源的多样性特征。

——在线开放课程不受传统课程的时间、空间的限制。

——在线开放课程超越传统课程人数的限制，能够满足大规模课程参与者的学习需求，呈现出课程参加者的广泛特征。

——在线开放课程，特别是mooc，具有非常高的入学率和辍学率，这要求学习者有能力独立学习，按时完成课程内容；这表明了课程的自主性。

（二）在线开放课程的主流模式

在线开放课程已经成功地实现了高端的知识交流。除了适用于学校的学生学习课程外，它还适用于专家培训、学科沟通学习和特殊教育学习模式——任何类型的学习信息都可以通过互联网提供。在线开放课程可以给学生带来很多好处，让每个学生免费获得名牌大学的资源，并可以在任何时间、任何地点自学。这就是在线开放课程的力量。

根据在线学习目的和需求的不同，可以选择不同类型、不同模式的在线开放课程。

1. 网络公开课模式

网络公开课的起源可以追溯到 1969 年，当时英国为发展远距离教学而成立了开放大学。随着信息技术的发展，公开课的模式也发生了变化：为达到教育资源的共享，充分运用计算机网络技术，打破时空的限制，营造虚拟空间网络公开课程。

网络公开课实质上是一种讲座型在线开放课程模式，主要针对想要了解相关领域文化和科学知识的社会大众开设，目的在于促进社会文化发展与文明进步，由讲座教师挑选经典或广受欢迎的课程内容，按出版级水平制作视频发布在网络上。网络公开课的授课视频不是按章节大纲进行编排，也不是按知识点划分讲座内容，大多数情况下是以专题形式进行讲授和录制，每个专题由若干个时长在30 分钟左右的独立视频组成。网络公开课面向社会大众免费开放，学习者不用注册，直接点播便可学习。

这类课程的典型代表是网易公开课、新浪公开课等。其网站主页如图 1-10 和图 1-11 所示

图 1-10　网易公开课网站主页 http：//open.163.com/

图 1-11　新浪公开课网站主页 http：//open. sina. com. cn/

2. 网络资源共享课模式

网络资源共享课模式是以教师引领为主的在线开放课程模式。此种模式在线开放课程，以名师为主导，注重团队协作，以传统课堂教学过程为主线，按章节结构划分课程内容，把支撑传统面授课堂教学过程和相应教学环节的教与学进行资源数字化处理，采用知识点、关键字、索引将这些资源分类放到在线学习平台上，并且通过教学团队协作来共同引领学习过程，构建在线学习社区，支持学习者以正式学习的方式参与互动并达到知识建构的效果。网络资源共享课的每段视频为 45 分钟左右，学习者需要注册方可学习，一般对学生和课程教师免费开放。网络资源共享课的受众对象主要是需要课程学习的学生，同时可用于教师发展，服务于旨在提升个人教学能力的教师。这类课程的典型应用如爱课程的资源共享课。其网站主页如图 1-12 所示。

图1-12　爱课程的资源共享课网站主页 http：//www. icourses. cn/

3. 慕课课程模式

对于慕课，前面已经简要介绍过，英文缩写为 MOOC。其中：第一个字母"M"代表 massive（大规模）。与传统课程只有几十个或几百个学生不同，一门 MOOC 课程动辄上万人，最多达十几万人。第二个字母"O"代表 open（开放）。以兴趣导向，凡是想学习的，都可以进来学，不分国籍，只需一个邮箱，就可注册参与。第三个字母"O"代表 online（在线）。学习在网上完成，不受时空限制。第四个字母"C"代表 course（课程）。

前面介绍的 Coursera、中国大学 MOOC、华文慕课等平台，均是 MOOC 课程平台。

除了上述三种主要在线开放课程模式外，目前还有私播课即小规模限制性在线课程（smallprivateonlinecourse，SPOC）、在线虚拟训练课程、微课等形式。

（1）SPOC。SPOC 于 2013 年首次由加州大学伯克利分校 mooc－lab 的 Armando Fox 教授提出。SPOC 最初是 MOOC 的延续和发展，这是一种来自 MOOC 的传统校园教学的有机混合物。更确切地说，SPOC 将来自 MOOC 的教案、课件、视频、通知、资料、考试、测验、作业等教学资源和讨论、统计、督学、管理、直播等在线教学交互功能应用到在线开放课程中，开展教学混合模式进行交流。

（2）虚拟培训课程。虚拟培训课程是一个依赖真实虚拟背景的游戏、参与、内部互动的网络平台。虚拟培训课程实质上就是以课程形式建设和运行的在线虚拟仿真训练系统。

（3）微课。微课又名微课程，是 2011 年胡铁生在国内率先提出的概念，是在课例片段基础上发展起来的，以微型教学视频为主要载体，针对某个学科知识点（如重点、难点、疑点、考点等）或教学环节（如学习活动主题、实验任务等）而设计开发的一种情境化支持多种学习方式的新型在线网络视频课程。

三、在线开放课程的发展趋势

"互联网+"是产生于中国本土的互联网概念。2012 年 11 月，由易观国际于扬首先提出，腾讯马化腾此后大力推动，李克强总理在 2015 年政府工作报告中予以确认，"互联网+"的概念在中国大地迅速升温。作为"互联网+教育"的典型模式之一的在线开放课程，在我国迎来了空前的发展机遇，在各大高校和各类教育机构极力推动下发展迅速，取得了很好的应用效果；同时，后 MOOC 时代的出现，衍生出多种新的教学模式，特别是 SPOC 助力了高校混合式教学模式的应用和在我国本土化发展，并在学习环境、服务模式、共建共享、基于移动终端的学习等方面呈现出新的发展趋势。

（一）后 MOOC 时代衍生出来的教学模式

MOOC 是在线开放课程的典型代表，它通过有一个全新的教学概念和教学模式以及免费、开放、在线和有组织的功能，对学习的方式做出了很大的改变。这是一种开放的在线教育形式，目的是满足学习者的独立学习需求，分享良好的教学资源与学习模式和可持续发展认证，这些资源支持发展进程达几十年之久。虽然 MOOC 显示出良好的势头和应用，但也逐渐导致一些限制的问题。在这些问题和限制方面，国家教育机构和学者致力于从问题的角度、课程类型和教育概念的

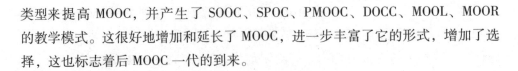

类型来提高 MOOC，并产生了 SOOC、SPOC、PMOOC、DOCC、MOOL、MOOR 的教学模式。这很好地增加和延长了 MOOC，进一步丰富了它的形式，增加了选择，这也标志着后 MOOC 一代的到来。

1. SOOC

SOOC 的出现解决了三个主要问题，即低 MOOC 教学计划的参与、低水平教学和学生背景不一致。这种机制就像 MOOC 一样，但它对学习对象有限制，并将接受人数压缩到几十人、数百人，用于由选定的学习者进行的各种学习和互动讨论。这提高了教学设计和课程的完整性，并在一定程度上解决了 MOOC 平台问题。

2. SPOC

至于 SPOC，笔者做了一个简短的介绍。笔者在这里强调的是，SPOC 的目的是将 MOOC 高质量的资源与有机课堂教学计划结合起来，通过改变课堂教学、提高教师管理教师的能力和对学生的清理能力，帮助教师掌握学习者参与。相比之下，SPOC 肯定了教师的作用，提高教学质量，降低生产成本，更多地满足可持续发展的需求。

3. PMOOC

PMOOC 是北亚利桑那大学的 Frederick Hirst 提出的"个性化学习项目"。在这个项目中，Frederick Hirst 对通过在线方式学习的学习者的个性化需求做出了改变。系统安排从学习者那里收集更个性化的学习需求，自动跟踪他们的学习过程，并通过系统分析向每个学习者提供更个性化的学习安排建议。根据这一计划，Frederick Hirst 与出版商合作，迅速开发了非常大的数据分析能力，基于学生的个性化学习需求，在线课程和测试系统能够调整课程的内容，为学生提供免费的辅导服务。

4. DOCC

DOCC 将传统的协作概念引入 MOOC 网络学习模式中，强调学习者在学习过程中合作解决或克服传统 MOOC 教学模式中缺乏协作学习和分散沟通的实际问题的重要性。2013 年 8 月，布朗大学、耶鲁大学和罗格斯大学等 15 所大学开设了一门名为"女权主义与技术对话"的课程，这是 DOCC 的开始。这门课程并不局限于一个专家，而是来自不同的大学或机构，强调数字时代的合作学习，避免消极的学生学习。这门课对这些大学的所有学生开放。DOCC 要求课程内容和教学专家来自不同地方的许多大学。这些课程对公众开放。所有的大学都承认分数，强调合作学习，并允许学习者积极参与讨论和互动。

5. MOOL

MOOL 是一种虚拟的实验室模拟软件，通过在线网络提供，建筑成本很低，实验过程可以重复，并能检测错误。MOOL 不受时间的限制，24 小时可用。学习者可以根据自己的需要在任何时候进行实验。与此同时，MOOL 的实验过程可以重复且消耗更少，学习者可以反复练习操作。

6. MOOR

2013 年 9 月，加州大学圣地亚哥分校的 Pavel Pevzner 教授和他的研究团队进行了一项在线"生物信息算法"课程。这门课程包含了大量的研究内容。MOOR 提供了从学习过渡到研究的渠道，以强调知识点的传播转向和问题解决。MOOR 强调研究模式学习，并将问题探索作为交互式开发研究的起点，因此称为MOOR。

以上 6 种 MOOC 的衍生模式与 MOOC 的对比分析，详见表 1-1。

表 1-1　MOOC 及其后时代教学模式对比分析

教学模式	教学过程	学习类型	师生关系	参与人数	入学条件
MOOC	线上教育	自主学习	开放式	大规模	无限制
SOOC	线上教育	自主学习+协作学习	开放式	小规模	无限制
SPOC	线上+线下	自主学习+协作学习	开放式	小规模	有限制
PMOOC	线上教育	个性化学习+协作学习	开放式	不限	无限制
DOCC	线上教育	自主学习+协作学习+研究式学习	开放式	大规模	无限制
MOOL	线上+线下	自主学习+协作学习+研究式学习	开放式	不限	无限制
MOOR	线上教育	协作学习+研究式学习	开放式	不限	无限制

除了上述 6 种常见的 MOOC 衍生模式，还有以下几种形式。

7. Meta-MOOC

"meta-massiveopenonlinecourse"，超级公开课。2014 年 1 月，美国杜克大学的 Cathy Davidson 教授开设了"历史与未来"课程。这门课程的在线教学时间与杜克大学的戴维森教授同步，课程在斯坦福大学和加州大学的圣巴巴拉分校共享。负责这三所学校的教师教授这节课，分享课程材料，并分配学生的作业和作品。来自不同学校的学生和老师组成了一个学习社区。就像凯茜·戴维森教授所说，这不仅是第二种 MOOC，也是一种运动，因此被称为"Meta-MOOC"。

8. DLMOOC

深度学习模式，深度学习公共广播课程，高科技高等教育研究生院、麻省理工学院媒体实验室、对等大学，以及 2013 年（Hewlett foundation）的合作调查项目。DLMOOC 鼓励教师与同事合作，反思和分享实践。

9. MobilMOOC

公共广播班学习移动设备，通过公共广播班学习移动设备，MOOC 努力与移动学习成为有效的结合。

10. DCGS

动态课程系统生成，动态课程系统，大数据驱动器，智能识别方法和教师精确匹配课程材料。

11. MOOC-Ed

这是一个 MOOC 项目，专门为美国 2013 年的教师发展而设计。基本思想贯穿整个课程结构，包括以自我为中心的学习概念、专业的社会学习概念和深思熟虑实践的概念。平台课程类型包括数字学习、指导数字学习、分数基础、强化学习、学习差异以及根据数据进行调查的教师统计数据等。

12 "Wrapped" MOOC

它类似于 SPOC，教师调整了 MOOC 的材料，并将其与教学材料、活动、阅读和任务结合起来。这种形式与翻转课堂的区别在于，它的学习材料被整合到教室中，而不是作为学生的作业。

13 "WhiteLabel" MOOC

它由 edx 提供，但只对特定企业或组织开放。

14. Mini-MOOC

它类似于网络研讨会（Webinar）的格式，视频非常简短、简洁。

15. MPOC

它是海量私人在线课程、大型私人在线课程。

16. SMOC

它是同步海量在线课程，最初由奥斯汀得克萨斯大学（university of te×as u-niversity of austin）提出，不参加该项目的学生和参加该项目的学生可以同时选择这两门课程。这门课程每两周在互联网上开始。

17. POOC

它是个性化在线开放课程。目前，这种形式更多的是一种想法，并没有成为现实。这种形式的课程能否成功，主要取决于能否收集学生的学习相关数据，并根据这些数据为学生提供个性化指导。

随着在线开放课程的发展，将衍生出更多 MOOC 的变体。后 MOOC 模式侧重于以各种方式改进和应用于 MOOC。其中，SPOC 得到了极大的关注，因为它将 MOOC 的资源与课堂上的有机教学项目结合起来。它继承了 MOOC 的力量，可以解决 MOOC 在高校教学中面临的困难，并满足当今大学教学的需要。

虽然每一种新的在线探索和实践形式都代表了新一代的教育，但每一种都包含了"免费、开放和在线"材料的基因，这些材料仍然可以被称为 MOOC 的"互动性和创新"。事实上，每个公式都代表着不同的观点、假设和教育理念。正如克里斯托弗·梅内尔教授所说："MOOC 是传统大学的继续存在，不是威胁，也不是替代品，无法取代现有的教育模式。但 MOOC 将创造一种传统大学，它将创造一个曾经拥有广泛和全新市场的传统大学。"鉴于此，虽然我们可以继续领略慕课给教育开放带来的正能量，但我们不能视而不见，而应该开始用"后慕课"的思维来审视和推广网络教育。相信"后慕课"时代所形成的多样化的网络学习方式，也将打造出新的开放教育生态。

（二）SPOC 在高校中的应用模式分析

与 MOOC 相比，SPOC 在教学中有独特的优势。SPOC 混合教学模式结合了传统在线教学和课堂教育的特征。SPOC 在大学教学中使用，不仅能适应目前的混合学习模式的发展，还能促进高等教育的教学质量和改革。MOOC 和 SPOC 教学模式的对比分析如表 1-2 所示。

表 1-2　MOOC 与 SPOC 教学模式对比分析

比较内容	MOOC	SPOC
学员资格	无限制	多为在校大学生，特定课程除外
学生规模	大规模	小规模
开放性	完全开放	有限制条件，通过申请者可加入
学习形式	自主在线学习	自主在线学习+ 课堂学习交流（线上+线下）
教学资源	微视频、测验、项目等 完整独立的课程资料	微视频、测验、项目等部分课程资料
教师角色	启发，利用论坛或平台交流， 引导学生自主学习	启发者、导师、课堂设计
课程完成率	较低	高
评价形式	自动评价	自动评价+其他评价形式
平台与机制	复杂	较简单

在线开放课堂和传统课堂教学的结合在当今实用课堂之上。根据 MOOC 教学模式，结合了学习者的知识水平和特征、课堂面对面教学的实际条件，不断发展和创建新的教学模式，如翻转课堂、SPOC、MPOC 等。SPOC 限制了学生的数量和接收条件，但它仍然是开放和免费的。基本上，SPOC 和 MOOC 属于同一类别。设计和教学概念没有取得多大进展，但有很多的小组在应用方面具有独特的优势。

1. SPOC 具有完整化、深度化的学习体验

学习环境和学习过程是影响学习经验的重要因素。SPOC 的同构比 MOOC 更突出。基于 SPOC 的学习模式，通过讨论和交流提高学习者的参与，为学习者提供更完整的学习经验。良好的学习体验与完整的教学活动设计是分不开的。SPOC 教学活动主要可以在以下几个领域看到：教师布置课堂作业、分配任务、在平台上组织课程讨论、学生自己备课、看视频、完成作业、讨论交流、考试等。此外，提供指导和学习建议是 SPOC 课堂的主要特征之一。教师可以依靠平台数据来理解学习者的学习行为，并对学习者的问题提供快速的反馈。在教师和

学习者之间创建有效的反馈机制，为他们提供更完整、更深入的学习经验。

2. SPOC 更能利用课堂优势开展情境式教学

Jacoby Allen Jacobs 认为，学生在真实课堂上与他人互动的想法将以多种方式表达，这是课堂教学中宝贵的生产资源，无法与在线教学相提并论。在传统教学中，MOOC 缺乏直接的讨论、个人指导和直接的沟通。然而，SPOC 混合教学解决了这个问题。SPOC 教学是基于 MOOC 的，它为课堂上的教师提供了一个更直接的面对面片段，增加了教师与学习者直接互动的渠道和机会，促进了情境学习的实践。

3. SPOC 在我国本土化过程与发展

随着互联网信息技术的发展，混合教学的概念开始普及。2015 年 4 月，教育部发布了《教育部关于加强高等学校在线开放课程建设应用与管理的意见》，表示"高校可以选择适当的学习平台和小型在线课程来建立和应用在线开放课程，为大学生和社会学生提供全面的个人服务"。各个大学响应各国的号召，采用混合学习模式进行教学改革。SPOC 模式是被许多大学选中的模式之一。这是一种新的教学模式，属于混合教学类别，满足了大学教学改革的需求。它通过将大型开放的 MOOC 计划转变成高度限制的、实现目标的、目的分类知识的、培养学习者、团队合作和沟通能力的课程。

多媒体技术和互联网技术的飞速发展使 SPOC 模式迅速普及。清华大学、北京大学、复旦大学、浙江大学、上海交通大学等高校都开设了 SPOC 课程，广大教育工作者对 SPOC 的研究一直在进步。清华大学推出了一种新的教学工具—雨课堂，被广泛接受和使用。"雨课堂"是一个新的教学服务终端，由清华大学网络学校和在线教育办公室共同开发。课前、课中、课后三个环节的组合形成了一个学科。这个过程给老师和学生带来新的体验和感受。"雨课堂"界面的网页版本如图 1-13 所示。此外，中国大学的 MOOC 平台还结合了由著名大学和教育机构引入的大量高质量课程，开设了"SPOC 专区"，以优化在线课堂教学，学习者可以根据课程的速度来安排学习时间，这不仅提供了更个性化和免费的学习经验，而且大大推动了我们国家的教学资源的数字化发展。

图 1-13　网页版"雨课堂"界面 https：//www.yuketang.cn/

　　在未来，中国 SPOC 将发展统一的、专业化的、综合的教学。与普通课程相比，SPOC 将继续混合不同的教学工具、不同的教学方法、不同的学习策略和评估方法、同步学习和非对称学习等方面的教和学，具有更加明显的优势。持续使用 SPOC，将促进学习者对个人进步的训练。学习者可以根据自己的兴趣选择课程，并进行独立和个人的学习评估。正是这种机动能力和目标网络评价，使 SPOC 能够打破 MOOC 所面临的困难，吸引广大教育工作者的注意，推动现代教育体系改革，成为一种在网络公开课堂上不可忽视的力量。

　　SPOC 也有一些实际问题需要研究和解决。没有丰富的学习资源，教学的混合是不可能发展的。教师不能仅仅在互联网上创建教学视频，他们还必须根据教学需求创建课堂视频。此外，为了从联合教学中获得更好的结果，教师要求设计详细的教学活动，包括创建和完善课程项目、筛选或产生高质量的教学资源，满足具体的和可执行的教学计划，以便更好地完成 SPOC 类教学，解决学习者的学习需求，但这需要更多的时间和精力。因此，教师在开始 SPOC 课程之前，就要完成课程设计。SPOC 的教学模式对学习者主动学习能力有更高的要求。在网上学习时，自愿观看教学视频和完成学习任务的能力也是一个值得关注和思考的问题。有了在教学领域不断渗透和应用的混合教学模式，SPOC 教学模式将继续克服自己的不足，以获得更好的教学效果。

（三）在线开放课程的发展方向

1. 在线开放课程应用和发展过程中存在的问题与不足

在"互联网+"教育理念的指引下，在线开放课程应用效果大大提升，发展极其迅猛。但在应用和发展过程中也暴露出一些问题，主要表现在以下方面：

一是现有在线开放课程实用性不强，缺少专业支撑。从现有网络在线开放课程的开发情况看，特别是部分专业制作课程的机构，往往与个别主讲教师合作开发某类或某门课程，不能吸纳更多高校教师参与到需求调查与分析中，也很少邀请更多高校的同行专业教师参与到制作课程中，导致很多课程实用性不强，很难满足大多数学习者的需求。此外，在线开放学习课程的基础是在线学习平台的发布和管理，该平台本质上包括指令模块、互动模块、资源模块和其他与教师内在双向沟通过程的模块，但实用性还需要改进。

二是课程资源单一。在线开放课程的教学资源，主要是课程视频文件，学习者观看学习，几乎没有实践过程；教师和学生之间缺乏互动交流。目前，大多数开放课程的教学资源都是视频，这样的学习模式不再满足当前的学习需求，这影响了学习者的主动性。

三是资源开发缺乏综合的规划和计划。教育部努力鼓励建立高质量的在线开放课程、在线课程改进、更现代的在线教育改革和高质量的在线教学资源。从现有的在线开放式建设来看，没有达到预期的教学结果，高质量的课程发展缺乏统一的技术标准和有效的技术条件共享平台；从管理机制来看，没有法律和统一规则的限制，缺乏大学间的互动交流；虽然前期投资成本很高，但以后的使用可能不那么有效。

四是课程评估体系不完善。一般来说，教师对学生在线学习过程的监督是相对及时的，并根据学生的学习成果提供评估。对在线教学内容和资源使用情况的评估无法及时收集，教师无法控制学生对材料的使用。网络开放课程的设计不合理或不及时反馈，对于后期更新的在线平台也有一定的影响。在线开放课程从设计、培养到使用，应该设计多样化的教师和学生之间的互动来吸引学生，创造一

种良好的学习氛围，激励学生。

五是后期对网络在线开放课程的管理不到位，缺少有效的维护。在线开放课程因前期建设投入较大，初期提供的课程资源相对比较丰富，但后面的网络资源管理显然是不够的。一些在线教学资源是无法访问的，犹如木偶。有些教学内容过时或不适用，但也无法及时更换或更新，网络资源的后期维护是不够的，只是繁重的初始构建，忽略了应用程序的管理。在这个过程中，我们也注意到在线开放课程的初始开发与随后的使用和维护之间的脱节，这反过来又影响了在线开放课程的可持续建设。从对现有主流平台上的在线开放课程调查来看，有的课程辅助资源近三年未做任何更新，有的课程教学服务不及时，甚至有的课程主讲教师几个月都未回帖与学习者互动交流。

2. 在线开放课程的未来发展方向

基于在线开放课程应用和发展过程中的现实矛盾与问题，应重点从以下四个方面入手，推动在线开放课程的创新与发展。

一是创造一个以在线学习空间为中心的学习环境。网络的在线学习与传统课堂教学不同，在线学习不用遵循传统课堂的教学模式。由于在线平台是由万维网的技术和方法支持的，虽然没有教师的当面辅导，但学习者不受时间和空间的限制，学习时间和学习活动的环境设计是非常灵活的。因此，在线开放课程的设置和创建必须与特定的时间和空间相结合。在线开放课程平台应包括特色教学、整合和优化教学内容，主要是在线学习、在线视频观看、指导课程、教学项目等任务内容，给出同样的练习和测试，给老师反馈测试结果，创造师生之间的互动。

二是发展"教育+"平台的服务模式。在线学习平台，为学习者提供模拟学习环境，并为独立学习提供有效的反应。如果没有新理论和成熟的新技术，学习平台是不可能发展的。近年来，新的理论，如移动互联网、大数据和深入学习，可以在教育领域有效地使用。自主学习是开放教育的主要方向，自主学习平台为学习者提供学习空间、讨论答案区、练习主题和下载资源。这些资源必须为课程提供统一的教学资源，并满足学习者对个性化的需求。教师应根据学习者的自学进度提供适当的指导，帮助学习者解决学习过程中遇到的问题，确保在线学习顺利进行。

三是促进在线开放课程资源分享。利用网络上的远程教育，分享高质量的教学资源，是创造公开教育改革的重要方向。在线开放课程建设是一个巨大的长期规划项目。我们必须结合各种课程的教学特点，提供总体设计计划，进行渐进的研究和开发，教授在线平台或接口规范统一平台，统一测试和测验，提供合理的重组，然后重新推广给大学使用。

四是移动终端的学习。随着 5G 无线通信技术的普及，视频、音频和图形图像等多媒体信息变得更快、更容易获取，并扩大了移动学习应用程序。如今，随着处理电子产品的能力和功能的增加，在线课程应用的使用变得更加多元化。今天，许多机构从事流动学习软件的研究和开发，尽管有许多限制和不足，但是在政府的支持和大学的合作下，我们国家的流动学习一定会给教育领域带来新的变化和活力。

第三节　在线开放课程建设的价值取向

课程价值取向是人们根据课程的一般认识，在制定和选择课程以及实施课程计划时所表现出的一种趋势。[①] 对于在线开放课程来说，明确价值取向能够对其设计、开发和运营提供重要指导，提升课程质量与创新应用的适切性。教育无法回避价值的问题，用什么价值取向指导建设的课程就能培育出什么样的人才。当前，我国的高等教育和世界上的高等教育都发生了根本性的变化，人才是未来社会的重要资源，而课程是育人的重要依托。这就需要我们以史为鉴，梳理课程价值取向的历史演进；立足当下，明晰课程价值取向的具体表征；面向未来，构建在线开放课程建设的价值取向，打好课程建设的第一根基桩。

一、课程价值取向的历史演进

课程价值取向是指人们在哲学层面上对课程相关问题的看法或观点，而不是

---

① 刘志军. 课程价值取向的时代走向［J］. 教育理论与实践，2004（19）：46-49.

直接在哲学层面上对课程的认识。① 课程价值取向是课程理论观点与具体实践之间的桥梁枢纽，能够体现课程设置者或组织者对课程方面的哲学、社会、文化和方法论的综合认识。对于课程价值取向的研究，国内外学者提出了不同的观点。Miller 根据教与学过程中人对教育目的、学习者、学习过程、教学过程、教师作用和教学评价等方面的认识有内隐与外显倾向的不同，将课程价值取向分为行为的取向、学科的取向、社会的取向、发展的取向、认知过程的取向、人本主义的取向和超个人的取向七个层级。Print 结合 Eisne 和 Mcneil 的学术理性主义取向、认知过程取向、人本主义取向、社会重建主义取向和技术学取向五个方面，提出实际教育实施过程中的综合性取向。靳玉乐和杨红将文化传统和课程价值取向相结合，明晰了二者的辩证关系，并在东西方文化历史的发展历程中探寻出当代中国文化的特征与课程变革的"多元化—开放化—民族化"基本走向。② 刘志军结合当下时代条件与现实环境认为，自 20 世纪 90 年代起，世界发生了深刻的变化，网络化生存、全球一体化冲击和知识经济的挑战与机遇促使当代课程价值取向趋向多元整合③。当代的课程价值取向具有重整课程知识观、重塑课程服务观和深化人文底蕴等特点，这就需要我们重新认识知识的内涵，重新思考课程与社会需求的关系，把人文精神作为课程价值取向的最终追求。李广和马云鹏陈述了课程价值导向的含义，即课程价值导向指的是课程价值实践中表现出来的心理和行为倾向，基于当前的意识水平和特定的客观价值标准；还提出了课程价值导向和文化见解的关系、历史和实践特征。④ 苏强以马克思的人类解放理论为基础，结合前人所做的有关课程价值取向的相关研究，在新课程改革下提出了发展性课程价值观——以促成学生的自由而全面发展为归依，与人类解放理论的价值共契。⑤ 综合上述对课程价值取向的研究可以发现，课程价值取向是课程设计开发的总领，是体现课程理念、指导课程实践的重要蓝本。对于课程这一人才培养的

① 马云鹏. 国外关于课程取向的研究及对我们的启示 [J]. 外国教育研究，1998（3）：38-43.

② 靳玉采，杨红. 试论文化传统与课程价值取向 [J]. 西南大学学报（社会科学版），1997（6）：62-67.

③ 刘志军. 课程价值取向的时代走向 [J]. 教育理论与实践，2004，（19）：46-49.

④ 李广，马云鹏. 课程价值取向：含义、特征及其文化解析 [J]. 东北师大学报（哲学社会科学版），2010（5）：167-171.

⑤ 苏强. 发展性课程观：课程价值取向的必然选择 [J]. 教育研究，2011（6）：79-84.

核心要素，我们要把培养适应未来社会需要的人才作为出发点和落脚点，围绕社会价值、知识价值、能力价值和产出价值重构原有课程价值取向，再造原有课程开发建设流程，为创新课程教学、变革教学方式提供有力依托。

二、课程价值取向的具体表征

《现代汉语词典》（第6版）将"表征"释义为显示出来的现象、表现出来的特征①。在心理学中，表征表现的是知识如何反射的，个人是如何思考的。例如，中国的传统节日增强了中华民族的民族精神和情感，带来了中国文化的血统和思想的统一，这是统一国家、民族团结和社会和谐的重要精神桥梁。从某种意义上说，我们可以将中国传统节日视作中华文明的价值表征。对于课程价值取向这一隐含的综合性观点认识来说，可从课程的育人目标、教学创新和考核评价等方面表征其价值取向。

（一）育人目标

育人目标是课程价值取向的第一表征，体现在回答"培养什么样的人"这个问题之中，也就是课程的育人缘起。在任何时代背景及社会发展的阶段，关注人、培养具有完整意义上的全面发展的人已成为世界的共识。无论是社会发展与变革所提出的对人个性化的需求，还是全球化和知识经济到来对人提出的更高素质要求，育人都需要通过课程这一载体履行培养人和发展人的重要使命。人文精神，人类文化最基本的形式，是人类在生活水平上的主要担忧。它以崇高的理想为中心，比如真正的善良，最终将随着人类的自由和全面发展而实现。② 将人文精神依托课程落地和实现，就需要以学生发展为中心，重构课程目标，从生命的高度、从育人的角度出发，培养德智体美劳全面发展的社会主义建设者和接班人。

---

① 中国社会科学院语言研究所词典编辑室. 现代汉语词典（第6版）［Z］. 北京：商务印书馆，2015：87.

② 孟建伟. 论科学的人文价值［M］. 北京：中国社会科学出版社，2000.

（二）教学创新

课程教学是一个动态、序列化的过程，是实现课程效果不可缺少的环节，是回答"怎么培养人"这个问题的序列化、流程化操作步骤。对标一流课程的要求推动教学创新，不仅要以明确、高阶的课程目标为依据，也需要根据实际学习需求，考虑课程内容的创新性和挑战度。同时，应融合信息技术重构教学结构，再造教学流程，创新教学模式，结合互联网提供的平台、工具和资源来开展教学创新。

（三）考核评价

考核评价是对课程整个过程和产物的监控与评价，是回答"培养得怎么样"这个问题的重要依据。它用于检查课程实施效果、目标实现情况等，为调整课程目标提供依据，也为进一步的课程实施提供改进建议。考核评价具有导向性，应能真实、综合地反映学习者的学习结果和素质水平；同时应融合信息技术实施累加式评价，利用平台自动跟踪记录学习者的日常学习路径，收集行为过程数据，精准评价课程学习情况，为学习者的自我改进与课程改进提供有效指导。

三、在线开放课程建设的价值取向

作为五类"金课"的重要组成部分，在线开放课程以其多变的应用场景逐步成为信息技术与高等教育教学深度融合的重要抓手之一。我们清楚地认识到，解决当今大学教学的真正困境，要使用"金课"；为了促进职业发展和大学学科发展，必须需要"金课"；推动我国高等教育的国际竞争，必须依赖"金课"。"金课"应该反映出"两度一性"，即学习、能力和质量，这是使课程能够有机结合所必需的，为学生发展更好的综合能力和思考能力，以解决复杂的问题；与社会发展的前线相一致，能够在目标、内容、过程和评估方面向前推进和支持，以实现个性化的学习成果；困难程度显示了老师准备和学生思考的质量。因此，在线公开课堂发展需要遵循以下价值观指导。

（一）重视课程思想政治教育，彰显育人目标

在线开放课程建设时应考虑课程，并执行立德树人的基本使命；以育人为主

要目标，从重视"教学"到重视"育人"，强调从课程目标、内容、组织、评估等方面全方面融入育人的价值中。

（二）重构课程内容，创新课程模式

在线开放课程应基于主题的更新知识系统，重建课程内容；利用信息技术促进课程内容和方法的融合创新，改革内在的课程活动计划，创造新的课程模式，打破传统高等教育的限制。

（三）强调能力导向，符合社会需求

新时代对教育提出了新的要求，在线开放课程在线建设应考虑社会和市场对人才的知识、能力和读写方面的许多要求。以能力为导向，挑战传统知识的限制，集中核心知识发展关键能力，以培养满足社会需求的创新人才。

第四节　基于在线开放课程的教学创新

创新是国家进步的核心，是国家发展的动力。陶行知在其《创造宣言》中提到：处处是创造之地，天天是创造之时，人人是创造之人。[1] 以在线开放课程为代表的新型课程组织形式不断变革我国高等院校的课堂教学，而促进优质资源共享、改革课堂教学模式和创新文化传承与社会服务方式是其鲜明的特征。

一、优质教学资源供给创新

数字教育资源已经成为以信息为基础的教育教学的重要工具，数字教育资源供应水平决定了以信息为基础的教育应用的现实水平。数字教育资源本质上是一

---

[1]　周洪宇. 开拓与创新：陶行知与中国现代文化［M］. 济南：山东教育出版社，2010：317.

种由政府供应、市场供给、公共服务和自我供给组成的公共产品资源。① 在线开放课程以其大规模开放共享的特征打破了原有资源供给的壁垒，形成了从优质资源到受众个体的"直供"通道，扁平化了资源供给的层级，缩短了资源供给的距离。

将优质资源的生产以"服务外包"的形式外包给其他组织或个人，并通过认定的方式打磨、丰富和优化课程资源库，从而形成"优质资源—终端用户"的优质资源供给方式。在线开放课程以其大规模、在线、开放和具备系统结构等特征，充分利用互联网、人工智能和第五代移动通信等新兴技术，提高了优质资源供给的效率和效果。

二、教学模式改革创新

教学模式，在一些教学思想理论的指导下，旨在组织教学以达到特定的教学目标，并以简化的形式展示在实践教学中形成的各种教学活动的基本结构。对于当前的教学来讲，在线开放课程如同一个创新要素，变革着已有的教学结构和流程，不断融合创新着已有的教学模式。当下基于在线开放课程的教学模式改革创新主要包括基于在线开放课程的自组织学习、基于在线开放课程的私播课教学、基于在线开放课程的翻转课堂教学、基于在线开放课程的混合式教学和基于在线开放课程的协同学习等。

（一）基于在线开放课程的自组织学习

自组织是一个系统的、有组织的过程或现象，其理论具有积极的、鼓舞人心的在线自学模式。从系统的角度来看，如果学习模式与知识和能力系统中的自组织过程相一致，就会大大提高学习效率。在线教育的主要资源分配有很大的不同，教授时间和空间的分离，以及学习者的独立学习为自组织理论提供了适当的应用场景。自组织进化过程有五个步骤：开放和脱离平衡的非线性相互作用，即导致渐进和突进变的波动，最终完成简单、复杂的网络进化图像，从较低的序列到更高的顺序演化。该演化过程与网络学习行为具有高度的契合性，因而对于解

---

① 柯清超，土朋利，张洁琪．数字教育资源的供给模式、分类框架及发展对策［M］．电化教育研究，2018（3），68-74．

释与改进学习方式具有积极的启发意义。

（二）基于在线开放课程的私播课教学

小规模限制性在线课程（smal lprivate online course，SPOC）也被翻译为"私播课"，是一种相对于在线开放课程来说限制了人数规模、设置了学员门槛的在线课程，最初被加州大学伯克利分校的阿曼德·福克斯教授提出并使用。SPOC 中的"small"是指在课程选课规模上有所限制，"private"是指对学生设置限制性准入条件。SPOC 主要针对两类学习者进行设置，即正式生和旁听生。基于在线开放课程的私播课教学具有科学性、针对性和实践性的特点。SPOC 的教学活动，强调教学和学习更加个人化，使学生、教师和教学内容更深入地互动，并具有更强的科学力量；组合课程平台的功能，变革活动的过程，在课堂上创建混合教学；课程本身的突出特点，强调项目学习，重点发展实践技能，有更强的实践性。

（三）基于在线开放课程的翻转课堂教学

翻转课堂颠倒了学习过程的"知识传递"和"知识内化"阶段。学生在课前通过观看教学视频完成知识的传递，并通过各种形式的课堂教学完成知识的消化。翻转课堂的实施大多需要依靠课程平台等相关技术工具的支持，实现教学理念、教学模式和人才培养的创新。基于在线开放课程的翻转课堂教学融合 MOOC 和翻转课堂理念，应用精品课程资源，进行转型与创新，利用 MOOC 高互动教学平台和高质量视频激发学生学习兴趣，支持学生课前学习，并通过课堂教学活动促进知识内化，实现教学模式的改革和创新。

（四）基于在线开放课程的混合式教学

混合式教学是面对面的课堂教学和在线学习两种方法的有机结合，其中心思想是根据不同的问题和要求，从不同的角度解决问题，在教学方法上用不同的媒体和信息来学习，而且这种形式付出的代价小、得到的利益大。混合式教学依据麦克卢汉（Mcluhan）的"媒体是人体的延伸"理论和施拉姆（Schramm）的媒体选择理论，混合不同教学理论、教学媒体和环境、师生活动及教学模式实施教学，实现信息技术与教学的深度融合，最终提升教与学的绩效。

（五）基于在线开放课程的协同学习

基于 MOOC 开展教学实践的相关研究已经较为广泛，且具有明显的区域和学科特色。但现有相关模式较为注重课程目标的实现和实践项目的完成，对需求错位、校际壁垒等问题无法得出有效的解决方案，同时尚未从整体和系统的视角应用 MOOC 培养学生的创新思维与能力，从而导致基于 MOOC 资源的共享不充分、教学应用较为分散、教学效果不够凸显等问题。而基于在线开放课程的"共享—协同—创新"学习模式能够通过适当引导与组织，发挥各机构的作用与优势，整合互补性资源，创新对象之间的资源整合和全面合作，产生系统的线性效用倍数，同时促进元素和组织之间的有机组合，创新动态生成，有助于人才培养要素的整体协调，有助于构建实现创新的动态机制，以实现人才的创新培养。

三、文化传承与社会服务创新

高校肩负着文化传承的历史使命，同时扮演着社会服务的重要角色。在线开放课程以其开放共享的理念，能够面向全体国民进行通识教育和传统文化教育，利用新兴技术手段拓展文化传播的渠道，创新文化传承的方式。一个国家的资金可以引进，技术可以引进，但国民素质无法引进，在线开放课程可为逐步提高国民素质做出重要支持。与此同时，中国教师教育 MOOC 中的大部分在线开放课程已经成为全国各地一线教师进行混合式培训的重要依托。他们利用在线开放课程不断革新教育教学理念，在一线教学中应用自身所学习到的教学技能，重构课堂教学结构，再造教学流程。至善岂有终极日，征途正未有穷时。在线开放课程已成为新时代高校文化传承和服务创新的重要渠道和主要窗口。截至 2015 年 10 月，上线 12，500 门慕课，2 亿多大学生和社会学生学习慕课，6500 万学生获得慕课学分，这让在线开放课程成为我国教育事业发展的国之重器。

第二章　在线开放课程学习需求

　　需求分析就像做产品中的定位环节，是后续环节的基础，也是执行过程中的灯塔。复旦大学蔡基刚教授曾说过，课程设计必须依赖需求分析，需求分析是学校制定教学大纲、进行课程设置的依据。在编写课程框架之前必须进行研究需求调查，教师需要获得更详细、更具体的关于学生的信息，以便选择标准、准备课堂活动。当我们研究与发展相关的在线开放课程设计时，我们应该首先考虑学习和分析的需要。

第一节　学习需求

一、需求与需求层次理论

需求的释义是需要、要求、索取、求索，是因需要而产生的要求、追求。需要和需求是有一定区别的。在心理上，需要是一种心理状态，当人们在实际活动中感到缺乏或不平衡时，他们试图获得满足，而需求是个人、社会或各方对现状的期望与需求之间的距离。1943 年，亚伯拉罕·马斯洛（abraham maslow）提出了需求层次理论，基本上把人类的生理、安全、社会、尊重和满足需求从低等到高等分类。在马斯洛的需求层次论中，满足是最高要求。马斯洛建议，人类的需求从较低的层次发展到更高的层次。指出每个时期的人都有主导的需求，而其他需求是次要的。需求层次理论强调，人类的动机是由人类的需求决定的，往往以自我为中心。

二、学习需求与"以学习者为中心"的需求理念

有些人认为，学习者的学习需求，是他们在学习活动中感到失落或不平衡，从而追求满足的心态，并给定了学习需求分析定义，即以学习者为对象，用科学方法收集信息，知道学习者在学习中缺乏平衡，并寻找解决学习需求的过程。在许多关于学习需求的研究中，大多数人比较认可这种观点。

"以学习者为中心"的教育理念应该得到学习需求的支持。这个想法是基于学习者是一个积极学习的建筑师，要求学习者积极学习，承担更多的学习责任，对自己的学习负责，但在实现最终结果的方式、路径、时间和形式上有一定程度的自由。教师是课程内容和资源的提供者，必须与清晰的任务相结合，在每个阶段，如学习内容、目标，创建适当的评估机制，同时为自力更生的学习提供资

源。教师的角色是引导，而不是领导；是监督质量，而不是干预过程；把教学的注意力集中在学习者的学习行为上，集中在学习的环境和影响上。

马斯洛的需求层次理论表明，在不同阶段，只有最紧迫的需求才能激励我们采取行动。因此，只有在这种需要的激励下，学习者才能主动学习并获得良好的学习成果。"以学习者为中心"教育的概念要求把学习者作为主题，结合学习者的需要和兴趣来获得动力。这两者都需要从学习者的需求中转移出来，以满足他们的需求。

人所处的环境条件不同，个人的需求有所不同。在开发在线开放课程之前，最重要的基础性工作就是认真调查并深入分析不同类别、不同层次、不同岗位、不同时期的人们的学习需求，为确立课程定位和目标提供依据。

第二节　学习需求分析的内容、方法与步骤

学习需求分析是用科学方法收集信息，以了解他们在学习中遇到的不足或不平衡，并找到满足他们学习需求的对策的过程。学习需求分析是学校课程发展的重要环节，也是课程发展的重要基础。什么样的问题应该进行学习需求分析，如何分析，以及分析结果怎样的，这些都是非常重要的。对在线开放课程来说，研究需求分析应该集中在在线公开课程发展目标上，以学习者学习中的问题为中心，并以服务和教学传统课程的潜在主题为中心，采用科学的方法收集信息和分析正确使用，将结果作为网络课程开发的重要基础和参考，相关的判断不应该仅仅基于教师的经验。

一、学习需求分析的内容

不同教学计划的需要可能是不同的，但需求分析的步骤都是必不可少的。在开始组织课程教学资源之前，至少应先了解以下这些内容：

——你期望获得的结果。

——你希望学习者学到的具体内容。

——学习效果判定标准。

——学习如何支持到最终实践。

——谁会从这次学习中受益。

学习需求分析的主要目的是为课程发展提供基础。要做到这一点，学习者学习中的问题应该集中在学习需求分析上。

第一，根据问卷或设计大纲，应该了解学生学习背景、生活环境、个人关系等对学生的影响。第二，了解学习者对他们正在学习的东西的知识和想法，重要的是要理解他们正在学习的东西缺乏的或不平衡，从而使所选的内容满足他们的学习需要，并提高课程的重点。第三，学习方法和方式对学习的影响是直接的，同时，学习方法分析是必不可少的，这可以掌握学习者对学习方法方式的认识和理解，摸清学习者对教师的教学风格、特点、方法的期望，以及对学习者本身学习方法方式改进意愿等，充分关注课程设计和开发，安排教学活动。第四，应该了解和理解学习者学习知识过程中将要或可能会遇到的困难，以及在学习的时候可能经历的心理障碍等，有利于课程设计开发前就未雨绸缪，做到对症下药。第五，调查了解学习者对学校、教师、教材、学习内容、课堂、课程资源、学习环境等方面的期望。这样，当他们设计和发展课程时，他们可以虔诚地专注于他们的学习欲望，并真正应用"以学习者为中心"的教育概念。

学习需求收集阶段，需要学习者使用一个极为简单的句式来确定他的核心需求，便于课程的团队对该课程的定位有明确的目标，有助于理解课程能帮助什么人解决哪些问题；确定取舍，才能一击即中。在这个过程中，最重要的是去洞察问题背后的问题。

二、学习需求分析的方法

在课程设计开发中，分析学员学习需求最常用的方法是问卷调查、座谈和访谈，因为这两种方法的结果都是直觉的，很容易分析。在在线开放课程设计和开发方面，仍然有许多未经忽视的分析方法可以用来收集、分析信息和数据，如绩效评估、观察、研究和文献分析等。各种分析方法对比分析详见表2-1。

分析过程中的综合方法是收集信息的重要方式和技术手段，根据需要加以选择和组合使用。无论使用什么分析方法或方法组合，都要确保样本的范围是正确的，比如针对学生的发展课程的，样本范围应该是这所学校的学生或替代学生。当关注学生整体的学习需求时，也要关注学习需要的个人差异；在收集分析数据时，注意学生需要的个人差异，并特别注意研究学生困难反馈的信息。学习需求分析应该在课程开发的整个过程，学习需要在实践中不断发展变化，学习也应该是动态更新的需求，分析课程开发过程的不同阶段，不断分析特定的学习需求，以便新变化和有新问题的学生学习需要；适当修改和补充，有助于更好地验证课程开发实施的有效性。

表2-1　学习需求分析方法比较

方法	方法描述	优点	缺点
问卷调查法	以调查或问卷的形式对选定的对象进行调查。各种形式的问题可以是公开的、封闭的、排序的、选择的	大量的数据将在短时间内提供。成本更低。参与者不必担心在参与过程中可能发生某些尴尬的情况。分析数据、处理比较容易	没有给参与者自由回应的机会。做一个有效的问卷调查是困难的，需要时间。很难找到有效的问题和原因
访谈法	它可以是正式的或非正式的、有组织的或不正规的。可能是面对面的，也可能是电话采访	倾向于观察受访者的自然态度和反应。帮助我们找到问题的原因和可能的解决方案。及时反馈，得到更好的数据	浪费时间。结果不容易分析或测量。访谈人员必须有更高的技术来收集大量的数据，而不让受访者感到紧张或怀疑
表现评价法	它可以通过系统的过程或非正式的条件来实现。可以由领导、老师来管理。评估可以定期进行，需要道德判断的分离	表现出行为、优势和弱点，为道德发展提供参考资料	开发评估系统、实施评估和数据处理的成本更高。判断可能出现失误
观察法	可以是技术性的或功能性的。能够得到数据或文字结果。它可能是非结构化的	尽量减少日常工作或小组活动的影响。获得的是真实生活中的数据	对观察者素质要求较高。要求收集生活现场的数据。能给被观察者一种被监视的感觉

续表

方法	方法描述	优点	缺点
考核法	直接指向调查对象。可以是开放式的或封闭式的	有助于了解情感、态度、知识和技能。容易测量或比较	效率不高。不能证明经过测试的知识或技能是必要的
研讨法	正式的或非正式的。广泛使用。专注于特定的问题、目标、任务或项目	促进不同观点之间的交流。小组成员被感动而成为更好的倾听者、分析者和问题解决者	浪费时间。得到的数据较难量化
文献分析法	许多图表、文献、官方文件等，包括会员记录、会议记录和一些相关报告	为寻找问题提供线索。提供客观的证据和结果。资料较易收集、总结	难以直接表明问题的原因和解决方法。大部分数据都是过去的。需要一个熟练的数据分析师来解释

三、学习需求分析的步骤

教师的经验是分析和评估学习者学习需求的重要基础，但如果仅仅基于教师的经验来总结学习需求，就很容易得出分析片面的结论，甚至是歪曲的结论。因此，规范的步骤应该确保学生学习需求分析的客观性。学习需要的分析过程可以分为四个步骤：第一步，制订一个分析需要的计划，包括目标、对象、方法、策略等。第二步，样本范围和尺寸是根据示意图规定的，采用适合的方法或组合方法与策略，抽样收集相关信息和数据。第三步，计算收集到的信息和数据。数据较多且复杂时，可建立数据分析模型或使用计算机软件进行分析，找出学习者的需求，通过分析反馈来找出问题的原因。第四步，写一份研究需求分析报告。报告可以简单地总结目标、参与者、方法和整个分析过程，清楚地解释分析结果，根据结果和数据提出解决问题的步骤或建议。

第三节　在线开放课程学习需求类型

基于网络平台向学习者在线提供教学服务的在线开放课程，除了参加线上和线下混合教育学校、翻转课堂教学、学生自主学习等学习外，也适合各类培训机构的职业培训和社会人员自主性碎片化的学习。学校的在线开放课程的学习需求，主要还是学生本着为完成学业要求的目的，当然也有基于个人兴趣爱好或某一方面成长的需要，而选择相应的在线开放课程。在此重点探讨的是社会人员的在线开放课程学习需求的类型，也兼顾在校学生的学习需求。

一、基于履职能力提升的在线开放课程学习需求

虽然不同的工作可能有不同的需求，但基本的质量和能力要求是普遍存在的：具有特定分析和解决问题、沟通、团队合作等专业技能等，如从事技术工作的人员，对工具和技能要求方面的学习需求。基于履职能力方面的在线开放课程学习需求，主要是在认知内驱力和自我提高内驱力的作用下，学习者通过学习专业能力类岗位培训在线开放课程，能够积累学科类综合知识、提高专业能力和工程实践能力，进而提升自身的履职能力，胜任岗位工作。

二、基于知识拓展更新的在线开放课程学习需求

这种课程，一般是基于学习者的学习动机和兴趣爱好，是对丰富个人的实用性知识、提升个人的理论素养的渴望。这类需求主要是在认知内驱力的作用下，学习者通过学习相关在线开放课程，使个人在知识、视野、认知等方面得到收获，促进其成长和进步，如兵器知识科普类、演讲类、诗词鉴赏类等在线开放课程，也可能是学习者关注的某些专业领域发展前沿介绍等知识类在线开放课程。

三、基于职业发展需要的在线开放课程学习需求

在职业发展需求上，一方面是学习者对个人学习目标实现的诉求，在认知驱

动、自我提升驱动和辅助驱动的作用下，通过学习相关在线开放课程，能够获得职业能力的提升，更好地满足本职岗位的需要，更加出色地完成各项工作，有利于促进个人成长进步和职业发展。另一方面，学习者在学习相关在线开放课程后，对组织有更高的忠诚度和理解度，能够在行动中将组织目标更深、更坚定地贯彻完成，更加服从组织管理，执行力显著提升，工作更加积极主动，有利于组织角色的行使和职能的履行。例如，政治理论、思想教育、企业文化或公益类在线开放课程就属于这类课程。另外，对个人学历提升的需求，通过学习预备课程，积累相关文化知识，获得准入机会，为进院校深造学习创造条件；或注册一个开放的教育在线教育课程，满足提高教育水平和学位的需要。

第三章　在线开放课程的理论探索

　　在线开放课程是依托互联网展开教与学活动的课程，是实现优质资源共享、实施教学流程再造的重要物质基础。探索在线开放课程背后蕴含的理论，有助于我们明晰其内部原理与方法，从而为在线开放课程的开发建设和创新应用提供方向。

第一节　互联网时代在线教学基本原理

一、在线教学基本原理

在信息技术和教学环境快速发展的条件下，作为一种教育发展和教学的一般形式，在线教学在发展过程中汇集了众多教育教学理论的原理及方法。其关键在于，如何改变传统课堂教学中以教师为主的讲授，从而变为"以学生发展为中心"、促进学生自主建构知识的教学模式。

与传统教学一样，教学与学习同样是在线教学中最为核心的内容。因此，相关的学习理论和教学理论构成了在线教学的基本理论基础。此外，由于在线教学以一种相对于学习作为时间和空间特征的教育形式进行教学，教学也是传播的过程，这也是在线学习的基础，这是在线教学的另一个重要理论的基础。

（一）学习理论

学习理论是一项研究，它揭示了人类如何能在行为和变化中获得更持久的经验，分析影响学习和彼此关系的各种因素。目前存在的许多学习理论提供了不同的视角来研究学习的基本问题，使我们能够更充分地了解学习的性质、学习条件和学习律法。

1. 行为主义学习理论

行为学习理论是 20 世纪初由桑代克、巴甫洛夫和斯金纳逐渐发展起来的一种学习理论。行为学习理论认为，学习是一个过程，为学习者提供一系列外部刺激，形成特定的个人行为。

行为主义学习理论认为：学习是对错误过程的逐渐尝试，随着错误反应的逐渐减弱，正确的反应逐渐增加，最终形成了刺激反应的决定性联系；从一部分到一部分；加强是成功学习的关键，必须权衡外部知识、技能和行为。学习理论影响的行为向我们揭示：学生可以获得有效的学习，他们必须及时提供正确的强化。为达到强化，最好的方法是通过让学生了解自己学习的影响，学习正确的行为辩护，纠正错误的学习行为。

2. 认知主义学习理论

在20世纪50年代，学习理论经历了科学上的变化，从行为原则到科学。认知学习理论不仅承认大脑的功能，也承认大脑的功能和过程。克勒、布鲁纳、加涅等，是认知主义学习理论的代表人物。

认知学习理论认为，学习在于内在感知的改变，这是一个比相互作用更复杂的过程；研究个人本身在环境中工作，人类大脑活动的过程可以翻译成特定的信息处理过程。加涅提出了基于信息处理理论的学习过程的基本模式。他说：学习过程是信息处理过程，是学生对环境刺激的内在认知过程。为了在这个世界上生存，他们必须与环境交换信息；人类，作为一个主体，也在交换信息。处理信息的人还必须根据他们的需要进行修改和处理，如通信中的代码和密码一般。

认知主义学习理论启示我们：客体刺激不是一种随机的过程，只有被主体同化于认知结构之中，并关联到学习者已有的信息或认知图示，获得对刺激的行为反应；学习过程是一个处理信息的过程，为了让学生在短时间内获得更多的知识，必须把知识组织成有意义的群体，从而减少机械学习；信息代码不仅帮助学生理解，而且能存储和提取信息，首先了解整体是很重要的，如果整体理解有问题，则很难完成学习任务。

3. 建构主义学习理论

建构主义学习理论是一种从认知学习理论中发展出来的学习理论流，深受皮亚杰和维果茨基理论的影响。

皮亚杰认为，学习的决定不是内部或外部因素，而是个人和环境之间的互动。他摒弃了传统观念，即学习是一种与反应刺激的单向关系；他认为，学习是一个双向过程，是刺激与反应的相互作用。他说，知识不是从大脑到大脑的简单直接反应，而是通过主要物体之间的相互作用而形成的知识。学习是一种通过同化和适应而实现的运动过程。

同化是一个个体的过程，它将外部刺激提供的信息融入其自身的认知结构；顺应是一种因外部刺激而产生的个体认知结构发生变化的过程。当学习者可以用现有的图表吸收新信息时，他处于一种平衡的认知状态；当图像无法吸收新的信息时，平衡被认为是破碎的，改变或创建新图表的过程就是寻找新的平衡。

维果茨基强调学生在认知过程中的社会文化和历史背景下的作用，并提出"最近发展区"理论。维果茨基说，在历史、社会和社会背景下，进行个人学习，可以成为个人学习发展的重要支持和支撑。维果茨基观察到两种个人发展阶段：现实和潜力的发展。现实的发展水平是每个人在独立活动状态下都能达到的增长水平，而潜在的发展水平是每个人在成年人的帮助下所能达到的活动水平，两者之间的区域是"最近发展区"。

建构主义学习理论是丰富的，主要的启示有：以学生为中心，强调学生积极的探索、积极的发现和积极的建设他们所学知识的意义，包括建立信息的意义和从现有的经验进行重组。建构主义学习理论要求学生完成任务复杂的实际情况，一方面提供建设所需的基础认识，另一方面，建设并提供广阔的空间，这个挑战是当代最新的信息技术支持的学习环境，建构主义理论在今天在线教育变得越来越多，这是指导教师发展改革和教学实践的重要思想。

4. 人本主义学习理论

人本主义心理学是20世纪五六十年代在美国兴起的一种思潮，以马斯洛和罗杰斯为主要代表。人本主义学习对全球教育改革有着深远的影响。其基本思想是：强调学生的自学，强调人的发展是学生的自我价值实现；学习者是学习的主人公，每个普通学习者都可以自学；人际关系是有效学习的重要条件，在学习和教学中创造一种"接受"的氛围；学习中的情感因素与挖掘学生的潜力、培养学生的创造力密切相关。

我国学者冯忠良等认为"有意义的自由学习"，重点是学生的经验，强调教学活动中的情感角色，创造一种教学模式，将主要的协调和情感作为教学活动；学生的核心是自我提升；强调人际关系在教学过程中的重要性，认为课程内容、教学方法、教学手段等都取决于关系的建立和发展；将教师活动的重点从教师转移到学生身上，并将学生的思想、情感、经验和行为作为教学的基础。[①]

人本主义学习理论强调人格发展和情感问题研究。正如我们所看到的，应用学习理论中的许多想法值得研究。在网络教学中，我们强调学生的核心地位和教

---

① 冯忠良，伍新春，姚梅林，等. 教育心理学 ［M］. 北京：人民教育出版社，2002：147.

师的主导作用，我们应该研究教学支持系统如何在网络教学中发挥更好的作用。

（二）教学理论

在线教学的一个基本理论是，以教学基础、教学目标、教学内容、教学方法为中心的研究，主要包括以下两种表现理论。

1. 布鲁纳的发现教学理论

布鲁纳建议"认知发现"来学习和教授理论，这是当代认知学习和理论教学的主要流派之一，也是核心思想。学习一门学科，最重要的是，理解基本结构；学习一件事，理解一件事。任何主题都可以在思想中以正确的方式使用，并有效地教导任何人在发展阶段；为了有效地学习，必须采用发现的方法。

布鲁纳认为最好的学习方式是发现学习。传统的学习理论认为学习是被动接受知识的过程，忽视了主体的自主学习。布鲁纳对学习的观察强调了学生在课堂教学中的发现活动的重要性，认为个人可以通过自由发现知识之间的内部结构来获得新的知识。

2. 加德纳的多元智能理论

美国哈佛大学心理学教授霍华德·加德纳提出多元智能理论。多元智能理论认为，一个人有八种智能相对于认知或知识领域，即语言智能、数学逻辑智能、空间智能、运动智力、音乐智能、人际智能、自我认知智能和自然认知智能。

多元智能理论是一种"建立在本质上"的学习观，它对教学的性质和特点有相似之处，即每个人都以自己的方式强调自己的知识和理解。因此，多元智能理论主要集中在学生在教学中的智力差异上。加德纳认为，智能可以成为教学材料的教学对象和沟通工具，这是教学的重要特征。他强调，学校教育的改革应该关注学生的个人差异。多元智能理论中的学习理解和教学的新观点，决定了多元智能教学的以下特征：学习过程变得富有成效、教学目的整体、学生的主动性。

（三）传播理论

在线教学是一个以教育而不是距离为中心的，基于网络的信息传播的过程。传播理论也是在线教学的重要基础之一。在传播学研究中，提出的各种理论和模式出现了两种主要的理论模式，分别是心理学模式和工程学模式，这两种模式以

拉斯韦尔"五W"和"香农—韦弗"为代表。

1. 拉斯韦尔"五W"模式

拉斯韦尔在1948年的《传播的社会职能与结构》中首次提到了"5W"模式，概述了沟通行为的简单方法，回答了以下五个问题：谁？说什么？通过什么方法？为了谁？受到什么影响？

为了做到这一点，延伸到传播所学到的五件事：控制分析（谁）、内容分析（说什么）、媒体分析（通过什么渠道）、观众（对谁）和效果分析（通过什么渠道）。"5W"模型在通信研究中的位置是不可触摸的，因为最早的模型明确地将扩散过程分为五个部分，并平行限制五个研究领域，有效地描述通信研究的部署和映射。

2. "香农—韦弗"传播理论与模式

20世纪40年代，数学家香农（ClaudeE. Shannon）提出了一种数学交流模型。这个模型最初是单向的；不久之后，他与韦弗（Warren Weaver）合作修复调制解调器，增加了反馈系统。这个模型后来被称为"香农—韦弗"模式。

首先，"香农—韦弗"模式最重要的贡献是：它首次使用数学公式和模式来表达沟通理论，从而对与理论发展相关的其他模式产生了最重要的影响和启迪。其次，"香农—韦弗"模式显示了"有效信息"和"补充信息"的信息组合。"香农—韦弗"模式研究"有用的信息"和"不必要的信息"之间的词汇联系，这是对通信科学的重要贡献，并为在线教学提供了许多启发意义。

二、互联网时代在线教学基本原理

因为互联网技术发展迅速和广泛使用，从早期学习和服务资源管理到计算机管理学习和互动到MOOC，基于互联网的在线教学蓬勃发展。在"互联网+"的时代，在线教学使在线和离线教学成为有机组合，信息技术支持下的课堂改革也如火如荼，极大地促进了课堂教学网络化和智慧化的发展。

随着国内外对MOOC开发应用和研究的深入，开放学习在线课程促进信息技术与物理课程结合，探索"云+端"的智能课程，建立在线教学平台，进入互联网时代在线教学的新阶段。

在线教学基本原理的核心在于互动。一些学者使用教育书中提到的"互动是教师和学生之间的双边活动"的概念；欧洲或北美的一些书中强调内容、教师、学生和媒体之间的互动。①

广泛在线教学的互动影响不仅包括一个人之间的互动，如教师和学生、学生和学生之间，还包括人类与学习内容和学习环境之间的互动和影响。

（一）哲学基础

交往行为理论是德国当代著名哲学家、思想家哈贝马斯提出来的。他向人类提出了四种社会学行为：目标行为、规范、戏剧性行为和社会行为。交往行为，反映自己行为与生活世界的行为之间的相互理解和协调的关系，是至少两个或两个以上具有语言和行为能力的对象通过语言和其他媒体实现的。② 与其他行为不同的是，交往行为强调了由客观、社会和主观世界组成的三个世界的联系——一个活的世界。

哈贝马斯的交往行为理论吸收了语言哲学和社会学理论的成果，从而产生了与"工具理性"相关的"交往理性"的概念。哈贝马斯与具有多种特征的人交往，比如观察实践，强调对话和谈判，并要求批判性、寻求真理和共识。

交往行为来自人类的存在，所有的社交活动从技术上讲都是朋友之间的互动，或者是与之相关的活动。所谓的交往就是交流、沟通、互动和理解。交往的介绍反映了"主体到主体"的结构。根据叶澜的观点，教育是一种非常人性化的方式，教育和公共关系是一种特殊的、共同的关系。一种相对于时间和空间学习技术发展条件的教育形式，在线教学是一种特殊教育和特殊互动的形式。

相对于传统的面对面教学形式，在线教学中教与学活动的开展必须依托一定的媒体、技术平台与系统等信息技术手段来实现教与学信息的传递。利用媒体和技术作为媒介的在线学习发展，无论是从技术的角度、教育的角度，还是从另一个角度，在线教学的每一次进步都带来了新的教学方法和相互作用，将人们带入一个开放的、共享的、协同作用的、创新的网络时代。学生在在线学习环境中可以获得比普通课堂教学环境更多、更广泛的互动空间。

在线教学中的教与学相互作用，这是哈贝马斯在现实世界提出的远程学习系

---

① 张伟远. 以互动为核心的网上教学原理及应用 [J]. 现代远程教育研究，2009（5）：10-13，71.

② 封国华. 新闻英语翻译中的主体间性探究 [J]. 文教资料，2013（22）：25-26，31.

统，由各种技术手段，特别是在线学习环境支持。他们与理性、意识形态和中间思想的联系不仅支持在线互动研究的结果，也支持哲学层面存在的理论体系，为在线教学实践的开展提供了指导。

（二）联通主义

联通主义学习在互联网时代出现。联通主义学习是一个用来解决真正问题的信息、关系和资源演变成网络学习的过程。这一过程既是使用已有教学内容的过程，也是进一步创新教学内容的过程。

联通主义可以分为三种实践形式：简单的、社会的和复杂的。基本上，只有复杂的联通主义才能产生真正的智力创新。

从联通主义的学习本质来看，联通主义学习强调，互动是连接和形成网络的关键，知识网络的关系本质上是人类与知识、知识和知识之间的互动。基于联通主义的在线教学具有以下的特点：教师提供的信息和资源是学习的起点；课程的创始人和协调员是教师，但教师不是主导；教师负责决定学习主题，组织互动，促进分享；学习者的学习主要依赖自我控制和自我调节；学习者需要通过互联网自发的交流信息和学习协作、通过各种社交媒体进行互动学习；学习者通过分享资源建立学习网络。

互联网时代的教学互动主要包括三个层面：操作互动、信息互动和概念互动。① 在这个过程中，操作互动是学习者使用 web2.0、SNS 和知识管理类工具来建立个人学习环境和知识网络的过程，这是一个复杂和不确定的过程，要求学习者具有高度的信息数量和学习能力。信息互动包括学习者在信息参与者和其他人之间形成初级关系的过程，以及通过参与者之间对学习资源的分享、讨论、反思和决策等系列活动在信息和其他参与者之间建立深度联系的过程。与学习资源互动是学习者和学习环境之间所有信息交流的过程。学习者和教师之间的互动，学习者与网络中其他点的互动是相同的交流，而不是有意识地促进、引导、提升和保持集体学习和学习网络的教师。学习者之间的互动是学习过程，形成社会网络和基于集体知识的创新。概念互动是一个过程，在这个过程中，学习者网络中的所有想法相互碰撞并产生新的概念，从而重塑集体智力。同时，这有助于更迭学习者自身形成的新旧概念。

---

① 陈丽，王志军. 三代远程学习中的教学交互原理［J］. 中国远程教育，2016（10）. 30-37, 79-80.

（三）新知识观

知识是人类智慧的产物，知识的传播方式随着社会生产方式的变化而变化。互联网改变了知识的内涵，互联网时代教育的研究和改革必须建立新的知识观点和新知识所包含的规律，构建以新知识观为基础的现代化教育体系，真正推动教育的创新发展。每一种知识观的形成和发展都是基于时代的发展、技术的进步、思想的进化，新的知识的观点总是代表着人类理解和知识的方向。

互联网创设了平等开放的信息共享空间，这是知识观变革的根本动因。互联网出现后，人类的生产和生活实践在物理空间、社会空间和信息空间的共同支撑下开展。信息空间的教育应用改变着知识的内涵、教育的本质、教育学的方式以及教育的组织模式和服务方式。当前，教育正经历着一次历史性的变革，最根本的变化就是知识从精细加工的符号化信息回归人类智慧——知识。

在线知识载体的生产和传播质量是一样的。传统的知识生产与推广是截然不同的，过程具有严格的线性先后顺序；而互联网时代的知识生产也是一个知识传播的过程，知识生产者同时是知识传播者。同时，知识生产与传播呈现非线性规律，呈现复杂网络的特点，出现自组织等新特征。一种有效的在线教育实践，可以通过强大的相互关联的知识共同指导，提供关于教学过程的详细数据。①

第二节　在线开放课程的教学模式

一、教学模式分析的理论框架

本节根据教学模式内涵、教学活动要素和教学模式分析框架等，结合新时代在线教育的关键特征，提炼出由 MOOC 代表的在线教育模式教学和学习的基本要素，在其中建立了在线教学和学习模式的理论分析模型。

---

① 陈丽，盘行，郑勤华．"互联网+教育"的知识观：知识回归与知识进化［J］．中国远程教育，2019（7）：10-18，92.

(一) 构建依据

1. 教学模式内涵

教学模式指的是教师与学习活动的元素之间稳定活跃关系的结构形式，以及特定教学环境和资源的支持。[①] 它强调教学模式应该体现三个方面的内容：理论和思想、环境和资源、关系和结构。

2. 教学活动要素

李秉德提议的教学活动的七个要素包括学生、教学目的、教学内容（课程）、方法、教学环境、反馈（评估）和教师。[②] 该元素既提供了课程和教学的系统结构，也概述了课程和教学的动态部分，揭示了教学系统的复杂性以及课程活动的程序性。

3. 教学模式分析框架

丁新构建了远程教育中的"教学模式七维度分析框架"[③]，该框架分为三层：顶部包括理论教学、二维改革学习过程；核心层包括教学评价、教学互动和资源应用的三维维度；底层包括技术支持、平台和二维资源环境的教学和学习支持服务。三层次七维度既相互独立、层次分明，又相互联系、相互作用，为构建在线教育教与学模式的理论分析模型提供了借鉴和参考。

(二) 分析模型

综合上述分析，本节建立了 MOOC 所代表的在线教学和学习模式，如图 3-1 所示。

图 3-1 表明，该模型强调技术对在线教育的支撑作用，从理论基础、教学要素及其关系、教学方法、课程资源、教学评价、支持服务六个维度对在线教育的教与学模式进行分析。

---

① 李克东. 新编现代教育技术基础 [M]. 上海：华东师范大学出版社，2002：340.

② 李秉德，李定仁. 教学论 [M]. 北京：人民教育出版社，1991：12-14，197.

③ 丁新. 远程教育教学模式的比较与个案分析——"教学模式七维度分析框架"的构建与应用 [J]. 开放教育研究，20091（5）：37-44.

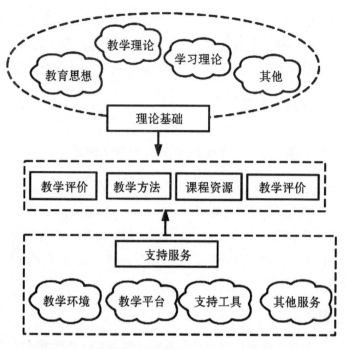

图3-1　在线教育教与学模式"六维度分析模型"

（1）理论基础是建立反映教学活动所追求的价值观导向的思想和基础。

（2）教学和关系要素包括教师、学生、内容和媒体，以及几者之间的关系结构。

（3）教学方法是教师和学生在教学过程中教授的教学和学习方法的统称，以达到教学目的和完成教学任务。

（4）课程资源是课程和教学信息资源，包括所有对课程和教学有用的资源和人力资源。

（5）教学评估是教师教学活动与学生学习结合的价值评估过程。

（6）支持服务是支持教学模式有效开展的各种客观条件，如技术性支持和服务性支持等。

这六个维度是相互联系的，每个维度扮演不同的角色。理论基础是在模型顶层的。它统摄全局，起着重要的指导作用，是教与学模式的构建依据和价值基础，确定提供教学过程、教学方法、课程资源、教学评价等教学环节的服务类型。在这个模型中，服务支持是教学活动的重要支持者，辅助教学工作中的每一个要素都起了作用。该模型的中间层包括教学和相关性、教学方法、课程资源、教学评价，以及教学执行的具体过程。其中：教学要素及其关系是教学活动的组成及其稳定的关系结构；教学方法是师生共同完成教学活动的方式；课程资源是实施课程与教学的必要而直接的条件；教学评价是对教学活动过程的监控和反馈，并以此对教学方法和课程资源等进行调整和重组，促使教学目标的实现。

二、主要的教与学模式

（一）基于联通主义学习理论的 MOOC 教与学模式

基于联通主义学习理论的 MOOC 也称 cMOOC（connectivism massive open online course），其教与学模式注重开放、分布式、非结构化知识的协同学习，强调创造、自治与社会网络学习，且教学内容由师生共建，动态生成。① 该模式主要适用于高等教育领域典型的课程，如"联通主义与连接性知识"和"个人学习环境、网络与知识 2010"。

1. 理论基础

联通主义学习理论强调：知识是网状的；学习是不断增加和去掉关联节点、建立连接、形成知识网络的过程；学习者所学习的知识不仅在个体内部，还在个体外部。cMOOC 教与学模式注重联通网络中不同的思想、观点，激发知识的迁移，强调创造、自主学习和社会网络学习，注重对学习者高阶思维能力的培养。

2. 教学要素及其关系

cMOOC 教与学模式的教学要素主要是教师、学习者、课程主题和社交媒体。教师是课程的组织者，是学习者学习的促进者，影响和塑造整个网络②；学习者是学习的掌控者，是知识网络的构建者及创造者；课程主题由教师预设，课程内容由师生共建，动态生成；社交媒体是学习者学习和形成知识节点的重要工具。

3. 教学方法

cMOOC 教与学模式的教学方法主要有主题探索性教学法、自主学习与协作学习。例如：在"联通主义与连接性知识"课程中，课程组织者采用主题探究

---

① 韩锡斌，翟文峰，程建钢. cMOOC 与 xMOOC 的辨证分析及高等教育生态链整合［J］. 现代远程教育研究，2013（6）：3-10.
② 王志军，陈丽. 联通主义学习理论及其最新进展［J］. 开放教育研究，2014（5）：11-28.

式教学法，每周为学习者提供一个探究的主题；学习者采用自主学习法，通过对多种学习资源的汇聚、混合、转用与分享，不断"寻径""意会"、创造；学习者之间建立学习共同体，通过协作学习开展主题探究，针对同一主题于论坛中互动讨论，分享观点，建立知识节点，形成知识联结，构建知识网络。

4. 课程资源

cMOOC 教与学模式中的课程资源形态是分布式、非结构化的，且种类繁多，表现形式多样。例如，"联通主义与连接性知识"的课程资源主要由课程网站和参与者之间互动形成的动态资源组成，这些包括聊天、阅读讨论、每日简报和简报档案、RSS（really simple syndication，简称信息聚合）、OPML（outline processor markup language，大纲处理标记语言）提要列表、论坛资源、社交媒体资源等，以及学习者、学科专家、课程组织者等不断互动生成的新型课程资源。

5. 教学评价

联通主义学习理论强调开放自主的个性化学习，强调学习者设置个人独特的学习目标，学习者可以根据自己的需要和兴趣独立地参与学习。因此，cMOOC 教与学模式并不关注对学习者的评价。[①] 例如，"个人学习环境、网络与知识 2010"课程并未涉及正式的教学评价。但是，当课程与学分相挂钩时，则需要对学生的学习进行评价，以保证教学质量。

6. 支持服务

在 cMOOC 教与学模式中，支持服务包括技术类支持、学习类支持和情感类支持等，这些支持服务为自动学习提供了重要的支持。教师开发专门的 gRSShopper 工具来聚合以社交媒体和 Web2.0 技术为核心的技术生态系统，以便支持开放内容的发布与学习者的分布式学习。学习者根据个人和外部要求选择合适的工具（如思维图），建立连接个体内部心理与外部环境知识的可视化过程。教师通过社会性软件联通分散的学习者，并借助 Facebook、Twitter、论坛、博客等社交媒体，为学习者提供个人身份认同和社区归属感的情感支持服务。

---

① 王志军，陈丽. 如何有效设计高质量的 MOOCs—于认知目标分类和交互分析框架的思考［J］. 现代远程教育研究，2014（6）：59-68.

（二）基于行为主义学习理论的 MOOC 教与学模式

基于行为主义学习理论的 MOOC，也被称为 xMOOC，它的学习模式集中在主体内容所固有的知识系统和逻辑结构上，这些活动主要是为了获得学习，很少关注学习、个人学习和协作学习。[①] 教学视频是其最重要的课程资源，教学评价以机器评价为主，辅以学生互评和教师评价。该模式的适用范围以高等教育为主，典型课程如 edx 平台上的"电路和电子学 1：基本电路分析"（Circuitsand Electronics1：Basic Circuit Analysis。）、Coursera 平台上的"Python 交互式编程导论（第一部分）"［An Introduction to Interactive Programming in Python（Part1）］、学堂在线平台上的"财务分析与决策"等。

1. 理论基础

行为学习理论强调，学习是一种刺激和改变行为的关系，学习通过强化和模仿来塑造和改变行为，强化是学习成功的关键，学习过程是渐进的，而了解整体过程通常是部分完成的。[②] xMOOC 教与学模式的教学内容组织与传播形式体现了斯金纳教授教学方式的基本原则。比如：在一定的时间顺序上划分知识点和教授材料，体现了小步子原则；在每次视频中或之后提出练习，这反映了加强原则；当学生完成测试后，自动评估系统反映及时反馈原则；等等。

2. 教学要素及其关系

xMOOC 教与学模式的教学要素主要是教师、学生、课程内容和课程平台。教师是课程的创始人、知识的给予者、学生学习的操控者；学生是知识的受益者；课程内容是由教师设定的结构化、系统化的内容；课程平台是教学活动得以开展的重要支撑，师生之间依赖课程平台进行双向互动，学生之间通过平台中的讨论区模块开展互动交流。在该模式中，教师发布教学视频、课件、测试等课程内容，学生在一定时间范围内自定步调完成课程学习。

3. 教学方法

xMOOC 教与学模式中最常用的教学方法是教授法、讨论、自学、合作等。

[①] 刘名卓，祝智庭. MOOCs 教学设计样式研究［J］. 中国电化教育，2014（7）：19-24，33.

[②] 王继新，张屹. 远程教育原理与技术［M］. 北京：北京大学出版社，2008：37.

比如：在"财务分析与决策"这一课程中，教师采用讲授法讲解基本财务知识；在"唐诗经典"这一课程中，教师使用教学方法、指导和讨论来教学和扩展知识。

4. 课程资源

xMOOC 平台众多，课程资源系统完整，形式多样，包括软硬件资源和人力资源。软硬件资源主要包括学科资源和资源外包，且以碎片化的视频课件为主。人力资源主要有教师、学生、助教等。例如，"电路和电子学 1：基本电路分析"课程除了教学视频和在线测试外，还提供了丰富的额外资源，如视频和文本资源的链接、网站链接、推荐书单、专有名词解释等。

5. 教学评价

xMOOC 通常用于学习模式的教学评估，它是一种通过共同评估——形成性评价的评估，特别是通过机器和同事的自动评价。该模式中授课视频中嵌入的即时测试和课后的客观题作业，均为机器自动评分；其他类型的作业，如论文、实践操作等，评价主要由学生、同伴互相提供；教师的基础是完成教学的日常任务、对期中和期末考试成绩进行总结性评价，为学生颁发课程认证证书或数字徽章。

6. 支持服务

xMOOC 教与学模式中的支持服务包括平台互动交流、信息化学习工具和第三方软件等。平台互动交流主要通过课程平台为学生的学习、交流提供支持，比如 edx、学堂在线平台一般有公告、课件、讨论区、Wiki、扩展学习资料、学习进度等模块；信息化学习工具主要通过科学平台的拓展及插件为学生提供操作环境，比如计算机类课程会为学生提供必要的编程工具或环境支持，"Python 交互式编程导论（第一部分）"课程为学生搭建了在线编程环境；第三方软件主要为课程学习的社会化提供支持，比如微博、微信、邮箱等，便于学生交流，及时获取课程信息和学习资源，也为学生的个人信息管理提供支持服务。

（三）基于建构主义学习理论的 MOOC 教与学模式

MOOCs 是一种基于建构理论的学习模式，强调自治、社会和学习环境，强调学习者通过完成相应的任务获得对应的技能，因此，较适用于高等教育和职业教育。其代表性课程有基于任务的 tMooc（task-based MOOC），如美国的吉姆·顾卢姆（Jim Groom）等开设的"数字故事讲述"课程（Digital Storytelling, DS106），该课程目前仍在持续发展。

1. 理论基础

建构主义学习理论侧重于学生，强调积极的探索、积极的发现和学生知识意义的建立，强调社会互动和学习环境。比如，DS106 课程以任务为导向，由教师确定主题、创设情境、发布任务、提供资源，学生理解主题，利用丰富的学习资源来自主和协作学习，充分发挥主动性、创造性，重新认识和编码信息，重组认知结构，实现对当前知识的意义建构。

2. 教学要素及其关系

该模式的核心要素是学生、教师和任务情境。例如，在 DS106 课程中，学生之间通过协作会话建立联系，教师起引导、辅助的作用，学生与任务情境之间具有双向强交互。学生是任务的完成者，也是任务的设计者。

3. 教学方法

该模式主要采用任务驱动法、项目教学法、问题探究法、自主学习法、协作学习法等教学方法。以 DS106（2015 年秋季）课程为例，教师采用任务驱动法为学生制订每周的任务主题，学生在以"悬念"为主题的学习情境中，通过自主学习，完成每周的数字故事创作。课程最终的综合项目要求学生在自主学习的基础上，通过协作学习，重构各个子主题的作品，创作综合作品，并通过 YouTube、SoundCloud 等社交媒体进行分享，从而达到学习目标。

4. 课程资源

该模式的课程资源以任务导向、项目驱动式资源为主，且由师生共建，开放共享。在课程迭代过程中，新旧资源相互整合，参与者共同创造与分享，实现课程资源的灵活应用与不断创生。例如，DS106（2015 年秋季）课程的课程资源包括媒体资源（文本、图片、音频、视频、广播节目、电影等）、日志、每周任务公告、任务银行、学生博客、学生优秀作品以及课程评论等。其中，最有特色的是任务银行，目前它已汇聚了广大课程参与者设计的 900 多个课程任务和 1 万多个案例。教师让学生根据主题自主在任务银行中挑选一定难度系数的任务来完成。

5. 教学评价

教学评价的模式主要是基于形成性评价、结论性评价，以及学生自我评价、相互评价和教师评价。例如，DS106（2015 年秋季）课程中有明确完善的评价指标，教师根据学生每周的任务完成情况、参与活动情况、节目制作情况、总结反思情况以及课程最终项目的完成情况等对学生的学习进行综合评估。

6. 支持服务

该模式注重个性化学习的支持，需要提供任务/项目指南、技术工具、社会交互支持服务等。例如，DS106 课程强调案例、同伴互助、网络学习社区对学生学习的支持作用，其提供的支持服务主要表现在：（1）为学生提供详细的介绍手册和学习手册；（2）给学生一份可能用于课程的软件列表；（3）提前向学生提供学习建议，以视频和文本的效果最佳；（4）学生通过社交媒体建立学习共同体。

（四）基于多种学习理论的 MOOC 教与学模式

当 MOOC 发展迅速并得到广泛应用时，它就形成了各种 MOOC 应用模式，比如混合教学方法、课堂教学模式的变化等。该模型基于 MOOC 应用，为第二章的开放学习理论和教学方法统一了 1047 种以上的理论和教学方法，强调以学生为中心的方法和研究对象的评价方法的多样性。

1. 理论基础

基于多种学习理论的 MOOC 教与学模式融合了联通主义、建构主义、行为主义和认知主义等各种学习理论。例如，"传统课堂与 MOOC 的混合式教学模式"教学建设理论与 osubel "学习与教学"的结合①，"基于 MOOC 的翻转课堂教学模式"结合了建构主义学习理论、掌握学习理论和合作学习理论，"MOOCs 环境下高校应用型人才培养混合教学模式"建构性学习理论、认知学习理论的结合。

---

① 林莹莹，魏安娜，陈盈. 结合传统课堂与 MOOC 的混合式教学模式构建与实施［J］. 台州学院学报，2014（6）：79-83.

2. 教学要素及其关系

基于多种学习理论的 MOOC 教与学模式中的教学要素为教师、学生、课程内容和教学媒体。教师既是课程组织者，也是指导学生在学习过程中的主持人。学生始终是教学活动的中心，是知识的建构者与创造者，同样具备学习者与教师的双重身份；课程内容是教师精心设计的结构化或半结构化的内容，包括已有的MOOC、对已有的在线课程的改造以及教师自主创生的课程内容。① 教学活动依托 MOOC 平台、学校自建平台、实体课堂环境等教学媒介进行。

教学方法基于多种学习理论的 MOOC 教与学模式综合使用教学方法、任务驱动方法、基于类别的学习方法、独立学习方法和协作学习方法。比如，在翻转课堂教学模式中，课前，教师在云端采用视频讲授法讲授课程知识；课中，老师通过裁判法制造困难，引导学生了解目标与任务，并选择相应的探究问题或训练项目，学生在"训练—研讨—提问—答疑—点拨—创新—再训练—再创新"的过程中实现知识消化和能力提高；课后，教师通过练习法帮助学生强化课前、课中所学知识。学生通过自主学习、协作训练、探索研讨来获取新知、内化知识、提升能力。②

3. 课程资源

基于多种学习理论的 MOOC 教与学模式下的课程资源形态是非结构化与结构化、开放性与封闭性相结合的。例如：上海高校课程共享中心的"翻译有道"课程采用在线和离线教学模式。该课程的资源包括教学视频、文本材料、知识卡、测试、参考资料等，也包括教室、实验室、图书馆等；在线资源满足课堂前的自力更生学习需求，离线资源满足学生课堂上的互动和协作学习需求。

4. 教学评价

基于多种学习理论的 MOOC 教与学模式有更加灵活的评价方式，采用多变量评价方法，如形成性评价和总结性评价。学生的评估包括在线学习和离线学习背景，使用关键评估和关键评估指标，比如处理问题和实践技能，并欣赏学生对学

---

① 谢初如，倪妙珊，柏晶，等. 融合翻转课堂与 MOOCs 的高校 MF 教学模式［J］. 中国电化教育，2015（10）：40-46.

② 曾明星，周清平，蔡国民，等. 基于 MOOC 的翻转课堂教学模式研究［J］. 中国电化教育，2015（4）：102-108.

习过程的评估。在教学过程中，教师根据平台在线测试指导学生的下一个学习阶段。课程学习的结果包括在线学习和线下学习。

6. 支持服务

基于多种学习理论的 MOOC 教与学模式依赖多种教学环境和社交媒体提供的支持服务，侧重于为学生之间、师生之间的交互提供支持。多种教学环境的支持服务主要体现在将 MOOC 课程平台、学校自建平台、课堂教学环境与实训环境相结合，为学习者提供网络自主学习空间和面对面交流的环境；社交媒体主要有论坛、微博等，支持学习者交流互动、获取课程信息。

通过对上述各类 MOOC 教与学模式进行理论分析，笔者将各类教与学模式的特征和差异总结见表 3-1。

表 3-1　四类 MOOC 教与学模式的特征与差异

类别	cMOOC 教与学模式	xMOOC 教与学模式	基于建构主义学习理论的 MOOC 教与学模式	基于多种学习理论的 MOOC 教与学模式
理论基础	联通主义	行为主义	建构主义	多种学习理论
教师角色	促进者、帮助者、学习者	传授者	组织者、指导者、帮助者	多重身份
学生角色	知识网络的建筑师、知识的创造者	知识的接受者	知识的建构者	知识的建构者、创造者
教学方法	以社会网络学习、自主学习、协作学习为主	以讲授式为主	以任务驱动为主	多种教学方法相结合
课程资源	非结构化、分布式开放	确定的、结构化、系统化的教学内容	任务导向、项目驱动式内容	非结构化与结构化、开放与封闭相结合的内容
教学评价	通常不关注教学评价	机器评价为主，辅以学生互评与教师评价	学生自评和互评为主，辅以教师评价	多元化评价

续表

类别	cMOOC 教与学模式	xMOOC 教与学模式	基于建构主义学习理论的 MOOC 教与学模式	基于多种学习理论的 MOOC 教与学模式
支持服务	特定的课程网站,学习者在开放和个性化的学习环境中根据自己的习得和偏好使用多种工具和平台	特定的课程网站,辅以多种网络社交工具	特定的课程网站,辅以多种网络社交工具	线上线下相结合,有特定的课程网站,辅以多种网络社交工具
适用范围	高等教育	高等教育、职业教育、基础教育	高等教育、职业教育	高等教育、职业教育、基础教育、其他各级各类教育

通过应用"六维度分析模型"对以 MOOC 为代表的在线教育教与学模式进行分析,我们可以得出如下研究结论:

(1) 在线教育的教与学模式强调以学习理论为指导,针对不同的学习理论而形成的教与学模式具有各自鲜明的特征。

(2) 实施在线教育的教与学模式,需要综合教学、独立学习、相互协作、相互合作的教学方法。

(3) 实施在线教育的教与学模式,需要强大的支持服务和丰富的课程资源。在线教育的教与学模式不同,其课程资源的结构也不同。其中,基于联通主义学习理论的教与学模式需要非结构化的分布式开放课程资源支持,基于行为主义学习理论的教与学模式需要确定性的、结构化的、系统化的课程资源支持。

(4) 在线教育的教与学模式具有一定的适应性,各类教与学模式分别适用于不同的教育领域。例如,基于联通主义学习理论的教与学模式适用于高等教育领域,基于建构主义学习理论的 MOOC 教与学模式适用于高等教育和职业教育领域,基于多种学习理论的教学模式适用于高等教育、职业教育、小学教育和各个层次的其他教育领域。

三、典型案例分析

（一）cMOOC 教与学模式案例分析

案例 1：cMOOC 典型课程教与学模式分析——CCK2012

1. 来源

加拿大学者乔治·西蒙斯和斯蒂芬·唐斯开设了"联通主义与连接性知识"课程，该课程 2008—2012 年连续开设了四年。本节以 2012 年的课程建设为例进行分析。

（1）课程概述。该课程是一个历时 12 周的探讨联通主义、连接性知识及其作为教与学理论的应用，同时概述了联通主义在未来教育系统中的内涵。该课程向所有人免费开放，为学习者提供并推荐一些学习工具，要求学习者在互联网上开展各种学习活动，如访问其他学习者的网页、创建个人网页等。

（2）课程目的。帮助学习者理解过去 10 年来（2002—2012）教与学中应用技术的变革与影响。

（3）课程内容。由课程组织者设计学习主题，以周为单位安排课程内容，每周一个主题。学习内容由课程组织者通过引导学习者相互探讨而形成，并随课程进展而不断变化与调整。基于此，该课程由 2008 年 5 周的学习内容发展到 2012 年 12 周的学习内容，内容包括：①什么是联通主义？②连接的形式。③连接性知识。④什么促使联通主义独一无二？⑤团体、网络和集体。⑥个人学习环境和网络。⑦复杂的自适应系统。⑧权力和权威。⑨开放性和透明度。⑩网络教育：教育者的角色，研究和分析。转变观点，改变机制：从基础到政策。

该课程主要基于以下四大类活动进行。

其一，汇聚。课程材料被动态地收集起来。本课程为分散在互联网上的广泛内容提供了一个会合点，该内容将由课程参与者通过集合设备以日记或书信的形式向学习者提供动力。没有限制，他们可能无法阅读所有的内容，他们需要选择根据他们的兴趣来调整他们的课程，忽略对个人来说太复杂或太无聊的材料。

其二，混合。在学习过程中，学习者将课程与课堂外的内容、个人资源和课程资源结合起来。常见的做法是通过社交书签写博客、记录和分享新资源、参加论坛讨论、使用推特发表简短的意见等。

其三，转用与再创造。学习者使用集成的课程资源，并根据他们自己的迁徙来组合它们。课程的目的不是让学习者重复他们所学到的东西，而是鼓励他们在这方面有所发展。学习者可以根据他们在课程中学到的东西以及他们自己的理解和想法来编写新材料。

其四，推动分享。学习者需要活跃起来，与其他学习者分享创造力和创造力内容、干预或便于课程中的其他学习者以及课程之外的所有人，这些人会引起额外的回应和评论。分享的内容可以是新的资源、新的视角、新的见解等。技术使用主要有 Wiki、Blog、Flickr、Twitter、YahooGroups，Facebook，YouTube，自建平台、虚拟教室、社会性书签、日报、邮件、SecondLifeRSS 阅读器、UStream 等。

2. 理论基础

"联通主义与连接性知识"课程的理论基础是联通主义学习理论，课程组织者利用这门课开展联通主义教与学的理论与应用的研究，希望以此帮助学习者更好地了解联通主义学习理论。

3. 教学要素

教学要素包括课程组织者、学习者、教学内容、网络和社交媒体。

（1）课程组织者承担的任务主要包含以下七个方面①：一是发布主题，提醒学习者注意重要的知识点；二是课程辅导，安排阅读资源，帮助学习者理解新的概念；三是指明方向，通过社交网络为学习者解惑；四是收集信息，通过提炼有效观点，使讨论和内容更加清楚；五是过滤信息，帮助学习者排除无用信息；六是主动建模，展示已有成果的信息和交互模式；七是保持出现，作为持久的课程和活动的监察者。

（2）学习者自主选择课程资源或者挖掘其他资源，发表话题或围绕已有话题参与讨论，分享创作视频，利用论坛或者其他交互分享工具发布个人见解，创建个人学习空间或开发自己的课程。

（3）教学内容由课程组织者通过引导学习者相互探讨形成，并随课程进展而不断变化与调整。

---

① 韩锡斌，翟文峰，程建钢. cMOOC 与 xMOOC 的辨证分析及高等教育生态链整合 ［J］. 现代远程教育研究，2013（6）：3-10.

（4）网络是学习者学习活动发生的环境，联通课程组织者、学习者以及领域专家。

（5）社交媒体，如 Blog、Twitter. Facebook、Wiki、论坛、讨论组等，用于学习者之间的互动交流，以及分享个人学习资源、创意与成果。

4. 关系结构

课程组织者与学习者是知识创建和共享的"同盟"，知识以网状化的形态存在。学习者是学的主体，学习者自由选择合适、感兴趣的学习内容进行个性化学习或者合作学习。

（1）课程组织者需要设计学习主题，通过网络与学习者建立连接，通过引导学习者相互探讨来形成学习内容。

（2）学习者每天会收到关于学习主题的"日报"，"日报"是对课程最新内容的聚合。学习者自选其中感兴趣的内容阅读，若不感兴趣，可以选择另外一个项目继续学习。学习者须加入一个主频道聊天、讨论主题、浏览博客文章，通过连接到不同的知识网络、学习空间，建立知识节点，最终形成个人知识网络。

（3）学习者之间通过网络建立联结，与课程组织者和其他学习者协作学习、共享学习资源和学习结果，进行对话、讨论和沟通。学习也可以通过网络与领域内专家建立联结，根据课程内容进行深度互动交流。

5. 教学形式

该课程采取完全开放自主的形式，课程组织者设计学习主题，利用课程平台提供学习资源与工具，利用虚拟教室安排专家与学习者进行实时会话、互动交流，利用 Blog、Second Life、UStream 等社交媒体促进学习者在线协作学习与分享。

6. 教学策略

该课程教学中所采用的教学策略有以下几种：

（1）自主学习策略。学习者自主选择课程组织者提供的主题、自选感兴趣的内容，发挥个体主观能动性，实现知识创造。学习者通过连接到不同知识网址、不同学习空间，在自主、互动、创造的学习行为中不断碰撞、内化、积淀，构建个人知识网络。

（2）协作学习策略。学习者针对同一主题或者共同的学习目标，在论坛、空间、人际交互平台中与其他学习者展开对话、讨论、交流，建立学习共同体，探索新知识、新观点、新想法，最终实现对知识的理解与重构。

（3）反思策略。学习者在学习过相关材料之后，根据自身学习经验理解相应的学习材料，进而将新知识建构到自身原有的知识结构当中，在不断的反思总结中真正实现知识内化。

7. 教学环境

学习者的学习遍布整个网络，课程不是在单一的环境中进行的，不局限于特定的平台。学习者利用课程网站、讨论空间、虚拟教室、人机交互工具、资源分享工具等获取学习资源，或是进行自由交流、主动分享与创造等活动，构建知识网络，发展个人的创造性思维和批判性思维。

8. 适应范畴

该课程适合于熟悉网络学习环境、了解社会性工具和软件、对了解或者研究联通主义学习理论有兴趣且自主学习能力很强的学习者。

9. "联通主义与连接性知识"课程教学模式的优缺点

该课程的教学模式有如下优点：

（1）教学内容以话题的形式引发，教学内容动态生成。课程组织者根据历年学习者的学习情况以及实际需要发起一系列的话题，引导学习者学习，教学内容由学习者获得的学习资源和学习成果动态生成。

（2）教学策略以自主学习策略为主，辅以协作学习策略。学习者自主选择教师提供的主题或自选感兴趣的内容进行独立学习，通过连接到不同的知识网络、学习空间，建立知识节点，形成个人知识网络。学习者在论坛中开展合作学习，建立学习共同体，探索新知识、新观点、新想法，最终实现对知识的理解与重构。

（3）课程安排实时会话，促进学习者深入学习。该课程为学习者提供与领域专家实时会话的机会，让学习者与领域专家进行深层交流，促进学习者学习。

该课程的教学模式有如下不足：

（1）对学习者自身的学习自主性要求极高，完全依赖学习者自身在网络中建立连接，形成更大的知识网络。

（2）课程评价方式不全面，不能有效判断学习者的学习情况与学习效果。

（3）适用范围较窄，适用于意志力强、目标性强的学习者，须长期积累才能形成创造性思维。

10. 小结

cMOOC 适合生成性知识的学习，强调自治和社会网络学习，要求学习者自主、自发地学习，强调学习者自由发展，注重对学习者综合素质的培养。cMOOC 上没有明确的教学目标；在教学中，教材不是物质的结构已经鉴定过的主题，而是由老师调整的结构化内容，缺乏对教学过程的直接监督和过于强调知识的创造过程。[①] 此外，学习者学习轨迹在整个网络中广泛传播，再加上技术条件的限制，对 cMOOC 学习者学习影响的评估看起来非常困难，这是 cMOOC 课堂教学模式的一个典型特征，该模式也有局限性。

（二）xMOOC 教与学模式案例分析

案例 2：xMOOC 典型课程教与学模式分析——电路和电子学 1：基本电路分析

1. 来源

"电路和电子学 1：基本电路分析"课程始于 2012 年底，由 edx 主席、MI 电气工程和计算机科学专业的 Anant Agarwal 教授及其教师团队讲授。该课程按周进行组织，家庭作业和实验必须在布置之后的下一周周日前完成。每周所须完成的学习任务包括按照顺序观看交互式的视频、阅读教材、完成家庭作业、完成在线实验以及可选的答疑。该课程包括期中和期末考试，学习者通过该课程可获得 MITx（MITx series）颁发的证书。

（1）课程概述。该课程面向具有关于微分方程的数学基础和大学普通物理水平的电磁学基础的初级学习者，时长 5 周，每周 6 小时。学习者可以在课程建设时间范围内随时加入课程，但须在 2016 年 5 月 12 日课程关闭之前完成所有学习任务。每周课程包括互动视频序列、阅读课本、作业、在线实验和可选教程。课程结束后将有一个期末考试，学习者在报名参加期末考试前完成跟踪验证，选择身份认证证书课程并成功获得足够的学分会收到 MITx 的认证证书。

该课程采用教师录制授课视频并定时发布的方式进行，内容主题包括电阻元件和网络、独立和受控源、开关和 MOS 晶体管、数字抽象、放大器、储能元件、

---

① 韩锡就，翟文峰，程建钢.cMOOC 与 xMOOC 的辨证分析及高等教育生态链整合〔J〕.现代远程教育研究，2013（6）：3-10.

一阶和二阶动态网络的动态过程、时域和频移的设计问题，以及模拟和数字电路及其应用。设计问题和实验验证也是该课程的核心要素。

该课程的课程目标如下：

①如何采用节点法、叠加和 Thevenin 方法设计和分析电路。

②如何采用集总电路模型和抽象符号简化电路分析。

③如何采用直觉解决电路。

④使用 MOSFET 晶体管（Metal-Oxide-Semiconductor Field-Effect Transistor, 金氧半场效应晶体管）构建简单的数字门。

⑤使用工具测量电路变量，如示波器、虚拟万用表和虚拟信号发生器。

（2）课程材料。例如，交互式学习序列（短视频和在线练习）、教材（"模拟和数字电子电路基础"）、可选教程、课程讲义等。

（3）课程大纲。该课程内容分为三个基本模块，分为 4 周完成各项主题。第 1 周主题内容是，集总参数电路抽象，电路元素，KVL（Kirchhoff Voltage Laws, 基尔霍夫电压定律），KCL（Kirchhoff Current Laws, 基尔霍夫电流定律），简化技术，节点分析；第 2 周主题内容是，线性与叠加，Thevenin&Norton 方法，数字抽象，布尔逻辑，组合门；第 3 周主题内容是，MOSFET 开关，非线性电阻，非线性元件电路；第 4 周主题内容是，小信号分析，小信号电路模型，相关源和放大器。

（4）课程考核方式。实行百分制——15% 的家庭作业、15% 的实验、70% 的期末考试。60% 的学生可获得 A 级以上，70% 的学生可获得 B 级以上，87% 的学生可获得 C 级以上。凡在考试前完成平时作业的学习者均可参加考试，且总成绩达到 60 分的学习者可获得 edx 证书。

2. 理论基础

"电路和电子学 1：基本电路分析"课程教学模式的基本理论是行为学习理论，行为主义的基本概念是对学生外部刺激的反应，这些刺激需要通过强化和模仿来形成和改变行为。课前，学习者通过阅读每周任务中的对应教材章节来形成对本周主题内容的初步认识。课中，教师通过内容讲解和公式推导的形式不断刺激学习者；学习者在接受这种刺激的过程中思考并消化教师所教知识，通过必要的课后测验和实验练习强化对基本电子电路知识的理解，从而掌握课程教学内容。

3. 教学要素

教学要素包括教师、学习者、教学内容、课程平台。

（1）教师是课程创设者。教师制定教学大纲，安排每周教学内容和活动录制课程视频，发布课程作业和实验题目，负责论坛中相关课程内容的答疑，评价学习者作业，以及评判期末考试成绩、授予课程认证证书。

（2）学习者是课程学习的主体。学习者根据教师提供的课程材料和资源，在开课时间范围内自定步调自主学习，完成相应的课程作业和在线实验，根据可选教程学习完成试题，以及进行模拟考试，参与课程学习前后情况的调查，参加期末考试。

（3）教学内容主要包括教师提供的授课视频、参考教材、可选教程等。

（4）课程平台是课程运行的载体。学习者通过注册该平台账号或使用 Facebook、Twitter 账号登录课程平台进行学习，查看每周发布的课前材料、教程、课后作业和分级实验，同时可在论坛中进行最佳实践，使用互动实验室开展讨论并做使用总结。

4. 关系结构

（1）主讲教师线下录制授课视频，并通过课程平台发布课程公告、课程大纲、课程时间、主题内容安排等信息，定期发布课程录像序列、课后作业、实验分级练习、可选教程，提供模拟考试试题（问题不分级，不计入课程成绩，作为期末考试前的准备材料），并为学习者提供相关学习资源、工具和答疑服务，对常见问题给予解答。

（2）学习者须提前注册账号登录课程平台，通过了解教师发布的相关课程信息决定是否加入课程学习，并考虑是否申请课程认证证书。学习者参与课程学习前后调查，参与课程学习时须完成相应的作业和实验练习并提交至平台，系统为学习者提供 25 次提交机会；若出现"显示答案"按钮则不能再提交，即作业已提交保存，系统会保存所做作业情况并对其予以计分。对于期末考试的问题答案，系统提供 4 次提交机会。学习者在完成课程并获得证书后，可参与"社区助教"促进论坛，作为助教帮助其他学习者完成课程学习。

（3）学习者之间可通过平台中的论坛进行讨论交流，也可在论坛中聚焦特定主题进行讨论、搜索特定的帖子，参与投票评论筛选分类帖子、支持其他学习者帖子并回应、跟随帖子更新等活动，还可通过接收邮件来了解更新的未读帖子。学习者之间可建立小组协作完成 Wiki 活动，遵守 Wiki 指南，实现对同一主题内容的编辑，尝试编辑一部真正的小组作品并共享于平台，从而为平台做贡献，也可参考课程平台之前提供的 Wiki 作品链接。

5. 教学形式

该课程采取完全在线教学的形式，教师录制视频并上传至平台，学习者通过网络平台学习。

6. 教学策略

该课程所采用的教学策略有以下几种：

（1）替代式教学策略。教师为学习者设定相应的学习目标并教授每周课程内容，学习者只需要接受和消化教师所教内容并在反复强化中掌握知识即可。该课程以此种策略进行教学，学习者在接受和讨论中完成学习，最终实现课程目标。

（2）自主学习策略。学习者根据教师提供的教材、课程大纲、课程讲义，自定步调学习课程短视频，完成在线练习、每周作业和实验分级训练。

（3）协作学习策略。随着课程的逐步深入，课程会进行分小组协作学习，欢迎并鼓励每个小组成员积极提供问题解决方案，在协作中相互学习、相互评价，最终解决问题。在该课程中，通过采用协作学习策略，学习者的学习深度层层推进，由简单的电路分析问题到能自己使用工具设计和使用电路，完成从简单的知识接受到思维方法的应用，强化学习效果并培养实践技能。

7. 教学评价

本课程中使用的评估形式是形成评估和一般评估的结合。教师根据学习者每周的作业完成情况、系统保存的提交答案情况、期末成绩等方面进行综合评估。评价结果会以具体分值（百分制）的形式表现出来。符合要求者即可获得相应证书。

8. 教学环境

该课程依托 edx 平台进行，平台上的教师提供丰富的学习资源和交换、学习者评估、协作的论坛、Wiki 等模块，学习者可以通过第三方软件，如 Facebook、Twitter 和邮箱与课程进行关联，以便及时获取课程信息、学习资源、论坛帖子更新情况，以及 Wiki 小组内容编辑情况。学习者借助平时的作业和分级练习、互动实验室实践训练来完成相应的教学目标，实现对知识的理解与应用。学习者也可通过在线网络搜索相关课程资源予以辅助课程学习。

9. 适应范畴

该课程适合于具有关于微分方程的数学基础和大学普通物理水平的电磁学基础的初级学习者。

10. "电路和电子学 1：基本电路分析"课程教学模式的优缺点

该课程教学模式有如下优点：

（1）课程内容丰富，概念讲解清晰。教师注重把握课程主要矛盾去建立近似模型，而非纠缠细节，便于学习者理解课程内容。教师运用间接方法引出原理，解释课程知识概念的缘由，在此基础上构建模型，最终实现对原理的顿悟，促进对知识的深加工。

（2）课程注重理解分析，分层次解决问题。教师对于专业电路课程的分析，目的明确，思路清晰，同时以趣味性的方式将困难问题逐步分解，分层次地以工程化的方法解决电路分析设计问题。

（3）课程学习实行前测和后测相结合，深度剖析学习者的学习需求。对学习者在课程学习前后的情况进行调查，对比分析，明确学习者的学习动机和学习需求，以此作为完善课程的依据，更加有针对性地实施教学。

该课程教学模式有如下不足：作业问题设置梯度不明显，难度大。该课程为基础课程，作业分级不明显，对初学者来说难度稍大。

（三）tMOOC 教学模式案例分析

案例 3：tMOOC 典型课程教与学模式分析——DS106

1. 来源

DS106 起始于 2010 年春，是由 Jim Groom 等于玛丽华盛顿大学开设的缘起于计算机科学的课程。该课程资源由师生共建，随着课程开展的逐步深入，已经由最初以 5 周为一个周期的课程发展为现在以 15 周为一个周期的课程。该课程采用叙述数字故事的方式，专注于创造各种数字故事，任务要求由浅入深、由简到繁（阅读、写作、图形图像设计、音频制作、广播展示、视频制作、电影创作）；为了开发互联网技术和学习者的创造力，鼓励参与者使用数字工具复述故事。该课程从 2010—2015 年连续开设了六年，本节以 2015 年秋季开设的课程（"Tales from DS106 UMW"）为例进行分析。

（1）课程概述。该课程是由 Paul Bond 和 Jim Groom 任教、历时 15 周的完全在线课程。学习者可以随时加入课程。学习者通过个人空间公开分享来定义更为广泛的故事叙述，同时发展自身的兴趣爱好及广泛技能。在该期课程迭代过程中，其将以探索恐惧和悬念为主题来叙述不同的故事，由大家共同创造与分享。

该课程的课程目标如下：

①使用技术作为网络共享、叙述和创造性的自我表达的工具并发展学习者的自身技能。

②学习者通过设计一个数字身份来操作数字工具，从而探索网络新模式以促进对知识的深度加工。

③以批判性研究通信技术为新兴叙事形式和流派，并从数字视角培养学习者的创造性思维。

（2）课程材料。课程材料有互联网、媒体资源、计算机、网络账号/软件、网络主机账户和域名、课程网站。

该课程的总体流程如下：

①DS106 培训和每日创建。

②完成数字故事任务和教程创建。

③每周最佳作品展示。

④中期安排小组广播节目，展示前几周制作的数字音频。

⑤课程最后几周是"数字故事挑战"。

该课程每周的安排大致如下：

每周五：教师在课程网站上发布每周任务公告。学习者开始执行或者设计任务。

周五至周六：学习者完成任务及其他课程要求。

周五 23：59 分：每周任务提交的截止时间（除非特殊通知）。学习者在博客上发布每周总结。学习者在这篇总结文章中必须提供本周完成工作（包括日常创建）的所有链接，以及对本周活动的反馈。

学习者参与如下活动：

①叙述课程学习体验，用博客发布并定期更新有关个人的课程活动，要求发

布的文章内容观点具有实质性、彻底性和反思性。

②评论同伴作品，深思熟虑地、有批判性地对同伴正在创作的作品做出回应，这个项目可以用几种方法制作，主要通过 Twitter 对博客做经常性的、有思想的评论和反馈。

③利用社交媒体进行参与。建立学习共同体，经常活动于个人网络空间，如 Twitter、Flickr 和 YouTube。

④参与课程叙述。在课程的叙述中扮演一个角色。

⑤视频群聊。在整个课程进行过程中至少参加一次视频群聊。

2. 理论基础

DS106 课程教学模式的基础理论是建构性学习理论，以学生为中心的建构性学习理论的基本思想，强调积极的学习者探索、积极的发现和建立他们所学的意义，强调社会互动和学习环境。它能对 MOOC 课程内容的动态重组、在线学习的多维互动和课程的多元智能评价提供有效的理论支撑。

3. 教学要素

教学要素包括教师、学习者、课程任务、课程网站与社交媒体。

（1）教师是课程组织者，负责发布每周课程任务，提供相关学习材料、资源，通知学习者参与活动、上交作业等。

（2）学习者是数字故事创作的主体。学习者根据教师提供的课程材料和资源进行阅读、思考、自主创作，并在网上发布帖子，评论他人作品，完成每日创建任务小结，通过 Twitter、博客或其他媒体来分享故事或任务想法等。

（3）课程任务包括每周的数字故事创作子任务、每周总结以及最终项目等。

（4）课程网站主要包括首页、教学大纲、每周任务、每周展示、最新帖子最新评论、每月档案等模块。学习者可以在课程网站上免费获取或购买教师提供的资源，下载一些免费或开源软件，阅读某些经典材料，收听指定电台，观看相关电影，等等。

（5）社交媒体，如博客、Twitter、Flickr、YouTube、Google、SoundCloud 等，用于上传个人作品、发布帖子、分享各种数字故事、相互评价、交流等。

4. 关系结构

（1）教师是任务的设计者、组织者和语境发件人，负责学习材料的加工，在线指导学习者完成数字故事创作，监督学习者的参与度，组织学习者互评，对学习者的学习进行形成性与总结性的评价，等等。

（2）学习者以独立或者小组协作的形式完成每周指定的任务，叙述课程学习体验，积极参与课程活动，完成每周总结。学习者之间通过社交媒体建立学习共同体，进行互动交流，完成相关任务，最终将作品、成果发布在网上进行分享或者互评。

（3）课程网站与社交媒体是教师组织教学，以及师生、生生之间进行互动交流的载体。教师通过课程网站发布任务、材料、资源等，通过社交媒体与学习者进行互动交流；学习者利用课程网站与社交媒体下载视频和软件、阅览各种评论、发布帖子、完成每周总结等。

5. 教学形式

该课程采取在线教学的形式，有特殊需要时会安排师生视频会谈。

6. 教学策略

该课程采用的教学策略有以下几种：

（1）任务驱动策略。教师为学习者制定每周任务，学习者按要求完成相应任务，在特定情境下通过学习材料进行意义建构，实现对知识的理解、应用、分析，在不断学习中逐渐发挥自我创造能力。

（2）自主学习策略。学习者根据教师提供的任务，独立思考，自主钻研，真正实现以学习者为中心；学习者在原有的知识背景和所提供材料的基础上，逐步建构新的知识结构，内化到自己的知识网络中。

（3）协作学习策略。对于比较大型的数字故事的制作，学习者在自主学习的基础上，需要与其他学习者协作完成。在协作中，学习者相互交流、探讨、分享，共同完成对知识的意义建构。

（4）反思策略。学习者在接受学习材料并对相关知识点进行梳理后，联系已有知识，在脑中形成知识框架图，然后不断理解深化，同时对于疑难问题需要深入探索、多次反思，最终将知识内化到已有知识中。

7. 教学评价

本课程中使用的评估是形成评估和一般评估的组合，以及教师的综合评估和学习者的评估。教师根据学习者每周的任务完成情况、参与活动情况、节目制作情况、每周总结情况来解决类似情况的问题，以便进行彻底的评估。评估结果会以具体分值（百分制）的形式表现出来。

8. 教学环境

学习者根据教师发布的任务做准备，使用各种工具保持同步材料。学习者可以通过博客、Twitter，Flickr、YouTube、Google、SoundCloud 以及其他更多工具与课程进行关联，以便立即获得学习资源并与其他学习者进行必要的沟通，同时借助网络环境编辑、制作图片、音频、视频等数字作品，利用数字工具将其话题讲述出来，体现自身的设计理念和想法，培养自身创造力。

9. 适应范畴

该课程适合于高等教育领域。

10. DS106 课程教学模式的特点

（1）教学内容由一系列任务组成。教师围绕课程主题，设计一系列子任务，提出明确的目标与任务要求。

（2）教学策略以任务驱动策略为主，注重实践。教师为学习者制定每周任务，学习者在任务情境中按要求完成相应任务。学习者通过一系列子任务习得相关知识与技能，最终能够协作完成一项综合的数字故事创作任务。学习者在完成任务阶段主要的任务就是利用数字工具表达自己的故事，而数字故事的形式有多种，如文字、图片、音频、视频等，需要学习者亲身体验、实践创造，形成自己的作品。

（3）具体的教学评估。教师对学习者的评估应包括知识理解与课堂积极程度等方面综合评估，包括学生的相互评价。构建清晰的教学评价体系。

（4）注重学习者对技能的获取和对知识的深度加工与运用。学习者通过完成一系列富有创造性、挑战性的任务，设计制作数字故事作品来习得图片处理、音视频制作的相关技能，进而完成对学习内容的深度加工。

11. 小结

以 DS106 课程为代表的 tMOOC 强调的教学模式集中在学习者身上，集中在实践上，强调学习者的积极探索、积极发现和他们所学内容的意义；采用任务驱动教学方法，由教师创设任务情境，提出明确的任务要求，学习者利用大量的学习来支持独立的学习服务或与同伴一起完成任务；评估方法，采用形成和完整的评估，教师对学习者的综合评估，建立完美的评估标准，并根据学生每周的作业完成情况、课程参与度、博客有效评论、中期作业和最终项目作品等将不同的成绩分成最后的评估结果。

（四）基于多种学习理论的 MOOC 教学模式案例分析

案例 4：基于 MOOC 的传统实验课堂混合式教学模式

1. 来源

林莹莹等于 2014 年在《台州学院学报》上发表的《结合传统课堂与 MOOC 的混合式教学模式构建与实施》一文中，针对当前课堂教学改革现状，提出了一种混合教学模式，将传统课程与 MOOC 结合起来，如图 3-3 所示，并以"计算机网络实验"课程为例介绍了该模式的构建与实施。①

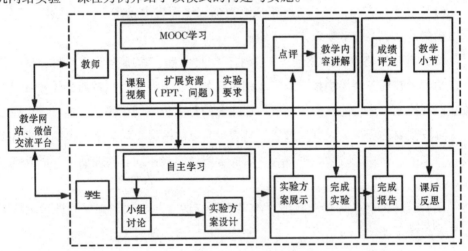

图 3-3　结合传统课堂与 MOOC 的混合式教学模式

2. 理论基础

这种模式集中在学生的个人学习上，反映了以学生为中心的教学思想。

---

① 林莹莹，魏安娜，陈盈. 结合传统课堂与 MOOC 的混合式教学模式构建与实施［J］. 台州学院学报，2014，36（6）：79-83.

3. 教学要素

该模式的教学要素主要包括教师、学生、教学内容、教学网站与微信交流平台。

（1）教师是学习活动的组织者和导航者。

（2）学生是学习活动的主体。

（3）教学内容包括实验教材、实验课程视频等。

（4）微信交流平台是师生的第二课堂交流平台。

在与微信沟通平台的支持下，教师和学生通过完成任务来传授和学习知识。

4. 关系结构

该混合模式包括课前学习、课堂实验和课后反思三个部分。

（1）课前学习。教师很好地使用 MOOC，在教学前观看适当的 MOOC 视频，结合学校的情感分析功能，发布适合学生的教学视频，扩大资源，为课程创建教学设计，最后提出明确的实验要求。学生有足够的时间在正确的网站上进行适当的引导问题和实验。为了解决暂时无法解决的实验困难，小组可以在微信通信平台上开始讨论，或者在网上寻求教师的帮助。

（2）课堂实验。学生在实验课上使用小组来解释他们的实验计划；教师审查实验计划，合并学生的实验计划和学习网站，引导问题解决，解释课程材料；学生参考其他组的示例演示和教师的解释，优化实验计划，完成实验。在实验过程中，教师不要轻易地参与学生的实验过程，而是根据每个小组的实验问题提供个人指导。

（3）课后反思。学生在课后根据自己的实验完成情况进行实验小结，撰写实验报告；教师批阅上传报告后评定成绩，给出评语，根据学生的实验情况做出具体分析和适当补充；最后，学生根据老师给出的观点进行反思、总结和纠正。

5. 教学形式

这些教学模式是在线性和在课堂之外以合并的形式进行的。

6. 教学策略

这种教学模式中使用的教学策略是自力更生的学习和合作学习策略。课前学习阶段，以小组竞赛形式增加学生独立思考和探索的动力，促进学生主观行为的实施。课前，小组通过讨论设计实验方案；课中，在教师的指导下，小组协作完成实验，在互动交流中进行深入学习。

7. 教学评价

教师根据学生撰写的实验报告评定成绩，给出评语。

8. 教学环境

该模式依托教学网站、微信交流平台和实体课堂开展教学。

9. 适应范畴

该模式适用于高校实验课程的教学。

10. 该教学模式的优缺点

（1）该教学模式的优点是以学生为中心，注重反思与总结。该模式以学生为中心，注重学生主观能动性的发挥，以自我探索和相互合作为中心的学习发展，以学生学习和教师教学的反思和总结为中心。

（2）该教学模式的不足是评价方式与评价主体相对单一。该模式未将学生平时的线上学习和协作学习纳入评价考核范围，强调一般判断而忽略了构成性的判断；科目的辩论由老师组成，学生没有单独对学生发表评论。

四、发展趋势

本节在对以 MOOC 为代表的教与学模式进行理论分析的基础上，结合有关理论文献与实践研究，认为在线教育教与学模式具有如下发展趋势。

（一）回归人才培养本质

从如火如荼的 MOOC 建设热潮到"后 MOOC 时代"的冷思考，以 MOOC 为代表的在线教育教与学模式的发展将逐步回归到创新人才培养模式和实现人才培养目标的教育本质上来。目前，国内外已有许多研究者针对高校人才培养需求开展了基于MOOC的教学改革和人才培养模式改革的理论①与实践探索②。可以预见，以MOOC为代表的在线教育终将回归其育人本质。将在线教育教与学模式融入当前高校人才培养模式改革中，开发课程材料和教学部分，探索新的人才发展模式，实现人才发展目标，并逐渐成为建立在线学习模式的新想法。

（二）理论基础综合发展

在当前MOOC的建设与实践中，基于行为主义学习理论的课程组织实施与教学模式仍占主流地位。但是，随着"O2O"（Onlinetooffline）思想的渗透以及MOOC教学实践反思的不断深入，在线教学与传统面授教学相混合的教学模式逐渐成为高校教学改革的新尝试。③ 有研究者预测，社会建构主义和联通主义将成为未来在线教育的核心学习理论，并与其他理论一起推进在线教育的发展。④ 可见，在多种理论指导下不断反思和重构当前的在线教育教与学模式，尝试更具有中国特色的"互联网+"新型教学模式，将成为在线教育教与学模式发展的新方向。

（三）支持服务趋向个性

随着云知识教育、大数据和材料网络的建立，学习的服务平台将满足新时代的教育教学模式，帮助学生克服学业难题。⑤ 未来的教育和学习模式将整合服务的概念"以学习为中心"，建立一个智能支持系统，为学习者提供更大、更全面的知识平台及情感支持。

---

① 任友群．"慕课"下的高校人才培养改革［J］．中国高等教育，2014（7）：26-30.

② 谢幼如，倪妙珊，柏晶，等．融合翻转课堂与MOOCs的高校MF教学模式［J］．中国电化教育，2015（10）：40-46.

③ 程璐楠，韩锡斌，程建钢．MOOC平台的多元化创新发展及其影响［J］．远程教育杂志，2014（2）：58-66.

④ 郑勤华，李秋菊，陈丽．中国MOOCs教学模式调查研究［J］．开放教育研究，2015，（6）：71-79.

⑤ 杨茇，陈然，方兵．我国远程学习支持服务研究现状与未来趋势——基于近17年教育技术学核心期刊的统计分析［J］．江苏开放大学学报，2015（4）：35-43.

（四）趋向多元混合发展

未来的教育和学习模式将是开放的、灵活的、以互动为导向的，并将形成不同的学习模式，结合不同的教学理论、不同的教学方法的应用，和不同的灵活和评估，基于学习者的教学目的、教学条件和文化背景。基于互联网的在线职业教育的快速发展，传统的教学改革中非常在线教学和面授教学结合成为常态，以课程、专业和组织为导向的系统教学改革，在理论系统、技术系统和组织体系中，已经成为在线教育和学习模式的趋势。

第三节　在线开放课程的学习支持服务

随着云计算、大数据和数字货币等新技术的发展，将线下学习与在线学习结合起来的课程逐渐成为建立和应用课程的趋势。由于目前在线开放课程中普遍存在师生相对分离的问题，因此，优质的学习支持服务对在线开放课程而言意义重大，将直接影响学习者的学习效果。但目前相关的研究主要集中在在线开放课程的设计开发、应用策略、运营机制、对比分析与发展趋势等方面，对学习支持服务的研究相对较少。

一、学习支持服务概述

（一）学习支持服务的内涵

一些研究认为，学习支持服务是为受教、亲自教授和以媒体技术为基础的学生提供双向交流学习支持服务的总和。[①] 在线开放课程，是服务和支持他们学习的，包括提供指导学习资源、学习流程、学习辅导、教学信息反馈、监测和学习

---

① 丁兴富．论远程教育中的学生学习支助服务（上）［J］．中国电化教育，2002，（3）：56-59.

实践、教学和考试服务、服务组织等，目的是促进学生自学，最终提高学生的学习质量和影响。

（二）学习支持服务研究现状

为了解决在线开放课程沟通的困难、学生容易流失和远程教育的低质量问题，学习支持服务诞生了，并成为远程教育的两个主要功能之一。随着远程教育的不断发展，国内外相关研究者对学习支持服务的关注度越来越高。

通过对国内外学习支持服务的研究，相关研究目前集中在支持服务、系统建设和趋势研究的概念和理论研究上。

在概念与理论研究方面，由于学习支持服务在不同的远程教育系统中发挥不同的职能和作用，目前的学习支持服务没有一致的限制。"学习支持服务"，最初由 D. Sewart 提出，是一种组织形式，学生可以充分利用一个机构的教学设施展开互动，并能够激励学生学习。丁兴富最初是通过系统分析和对不同部门进行分类，将学习支持服务引入我国的。他认为，学习支持服务是通过技术媒体之间的交流为学生提供的各种信息、资源、人员和设施的全部支持服务。① 整合不同学者的观点，学习支持服务可以被描述为一种通过双向沟通与学生互动的学习支持服务，帮助学生自学和提高对学习质量的全面支持服务。许多研究者对学习支持服务展开理论探究，如项国雄和张小辉梳理了学习支持服务从思想启蒙到理论成熟的演进过程。②

在体系建构方面，泰特从功能的角度对学习支持服务进行分类，认为学习支持服务应该包括认知支持、情感支持和系统支持。③ 随着研究的发展，一些专家提出了其他支持学习活动的领域，构建起多种多样的学习支持服务体系，如 Spoelstra 等通过收集学习网络中的关键数据，构建出优化学习支持服务的模型。Bitzer 等通过文献分析、案例实践与专家咨询等方式设计开发出高效的混合学习支持系统。在我国，丁兴富将学习支持服务分为信息服务、资源服务、个人服

---

① 丁兴富. 论远程教育中的学生学习支助服务（上）[J]. 中国电化教育，2002（3）：56-59.

② 项国雄，张小辉. 学习支持服务思想溯源 [J]，中国远程教育，2005（9）：23-26.

③ 顾容，沈洋洋，陈丹. 面向翻转课堂的学习支持服务研究 [J]. 中国远程教育，2014（5）：72-77.

务、设施服务、实践教学会议服务、公关测试和考试服务。史承军和陈海建结合学习支持服务实践，通过问卷调查等方法分析开放教育教学过程中存在的问题，构建出五维度学习支持服务体系。郑勤华提出了三种类型的服务，如指导、监督和学校援助。具体来说，它们被分为 10 个项目，如课程介绍和学习指南。总的来说，学习支持服务可以分为学术支持和非学术支持，学术支持包括课程资源支持、怀疑支持、学业评价支持等，非学术型支持包括管理支持、情感支持等方面。也可以导学、督学、助学为分类依据，导学包括课程介绍、学习指南、常见问题、课程推荐。监督包括学习进度、信息提醒。协助包括对问题的反馈、课程笔记等。

以现代远程教育为重点的服务学习平台，旨在跟踪学习过程中智能分析学习者的学习情况，设计和发展学习支持服务系统，提高学习者的自学能力、学习质量支持服务提升学习者的满足感。近年来，随着教育研究的增加，云计算、数据挖掘、学习分析和明智建议等技术的使用也在增加，支持服务的信息技术研究也在增加。学习支持服务的趋势将包括以下几个领域：在新的在线学习模式下的服务支持学习，智力学习支持服务研究和实践，学习支持建设和服务理论创新。

（三）学习支持服务的分类

不同的学者对学习支持服务有不同的分类方法。根据所提供支持服务的性质和解决的问题类型，可将学习支持服务分为管理性支持服务、学习性支持服务和情感性支持服务三类。

1. 管理性支持服务

管理支持服务是一种与学习性支持服务不同的全面学习支持服务。它可用于协助学习者进行学习前评估、引导学习者进行课程学习、解决学习者学习账号或系统问题等学习障碍。管理性支持服务重在帮助学习者快速切入对课程内容的学习，而不受技术等学习障碍的影响，是保障学习者学习体验的重要服务手段。

2. 学习性支持服务

学习支持服务是一种很好的学习内容指南，包括解释相关概念、提供学习反馈、开展教学实践和培养学习者的学习技能与综合能力等。学习性支持服务需要有学科专家的参与，是增加课程深度、拓展课程广度的重要服务手段。

3. 情感性支持服务

情感性支持服务是针对远程学习或在线学习缺乏有效交互的问题而设置的支持服务集合，包括创设学习群组、组织学习活动、开展实时互动和建设线下工作坊等。情感性支持服务的重点，是帮助学习者解决精神和情感问题，减少学习压力，克服孤独，增加学习信心，促进有效学习。

对于在线开放课程来说，以上三类支持服务可以转化为对学习者的导学、督学和助学辅助。导学就是为学习者提供学习引导，包括提醒学习进度及时间节点等，用于帮助学习者快速进入学习环境；督学就是通过管理手段和技术手段，督促学习者持续学习，实现学习目标；助学就是通过情感等方面的支持，帮助学习者缓解压力，消除学习孤独感，增强学习自信。无论使用哪种学习支持服务，其目的都在于让学习者能够保持较高的学习兴趣，并不断地学习课程，最终实现课程目标。

（四）学习支持服务的内容

本节在分析现有研究的基础上，开展在线开放课程环境下的学习支持服务模型构逢研究，提出以信息服务—教学服务—教辅服务—评价服务为核心环节的在线开放课程学习支持服务系统，如图 3-4 所示。

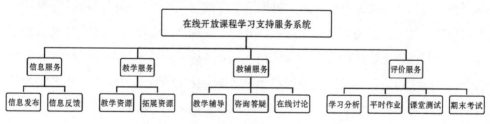

图 3-4　在线开放课程学习支持服务系统

1. 信息服务

信息服务主要包括：分享每个班的教学信息，比如课程安排、课程改变、作业布置等；确保学生信息反馈畅通，以及及时、有针对性地处理答复。

2. 教学服务

教学服务主要包括：确保教学材料得以及时发送和接收，提供有价值的学习参考资料、辅导资料、扩展材料和补充资料，以及相关课程推荐。

3. 教辅服务

教辅服务主要包括：课程内容讲解、辅导和答疑，组织线上讨论，进行协作学习。

4. 评价服务

评价服务主要包括：基于后台数据分析学生的学习情况，检查学生的学习进度以及学习目标的掌握程度，全面检查学生对教学目标的掌握情况和理论结合实际应用的能力。

二、在线开放课程的学习支持服务发展趋势

（一）学习路径逐步趋向自适应

学习路径是指在某个主题下，学习者为达成有效学习而对各单元进行的顺序选择。在线开放课程中，学习者通过点击不同的超链接获取学习内容，按顺序将每个点击过的超链接组合在一起，就构成了在线课程的学习路径。自适应学习技术的出现，使得我们能够通过学情数据分析、页面热区分析等帮助学习者规划学习路径。与课程提供的固定学习路径相比，自适应学习技术能够为每位学习者规划个性化的学习路径，从而提高课程学习效果，优化课程学习体验。技术支持下的个性化学习路径指引将逐步成为学习支持服务的发展趋势之一，让学习中的"私人订制"和"量体裁衣"不再是高端和稀有的代名词。

（二）帮助支持逐步趋向社会化

随着信息技术的发展，如人工智能、大数据、物联网和云计算的发展，原有的学习支持服务难以满足当前时代教育教学的变革诉求，在线开放课程的管理服务理念也悄然发生变化。除了利用课程平台开展学习支持服务外，越来越多的社

会化网络工具也被应用到学习支持服务当中。以集体智慧为特征的社会学习，通过社会关系技术将多种资源、观点和社会关系结合起来，建立智慧学习环境。通过社会化学习关系、内容及情境分析，构建学习者社会化属性信息模型；通过感知他们的学习环境，提供多维支持、个性化和视觉支持，如社会化资源推送、社会化互帮互助和社会化学习社群构建，从而优化服务流程，创新服务方式，保障服务效果，提升服务温度，支持学习者持续深入学习。

（三）学程管理逐步趋向智慧化

未来的开放学校将建立一个基于智能学习环境的智能管理学习系统，结合"以学习为中心"的服务理念。智慧教育是一个相互关联的对象、云计算和信息技术的组合，新一代、智能、洞察力和广泛传播的教育信息生态系统，智慧教育能够为在线课程学习支持服务提供新技术支持。例如，虚拟学习助手能帮助学习者完成课程学习，同时可减轻学习者的孤独感；学习仪表盘可以帮助学习者量化自我和学情，及时调整学习策略。由此可见，随着智慧教育理念的不断深入，利用智慧学习的相关技术和工具促进学习者交流互动，提升课程学习效果，打造品质在线开放课程逐步成为学习支持服务发展的方向。

三、基于新技术的学习支持服务

随着信息技术的发展，新技术将为学习支持服务提供新的启示。自深度学习取得突破性进展后，人们开始探讨如何将人工智能引入在线教育。Noble 指出，人工智能在课程辅导、信息查询、练习与模拟等领域发挥着重要的作用。当前"人工智能+教育"的应用案例有很多。例如：北京未来的教育技术有限公司开发了一种镜像系统，通过面部识别技术为课堂学习提供了一种评估系统；新东方新教育科技集团与科大讯飞股份有限公司，推出智能口语识别和拼写校正产品；利用基于知识的纳米分离技术和知识空间理论来开发人工智能学习机器"松鼠AI"，即智适应教学机器人等。人工智能技术被应用到教育当中，能够进行智能阅卷、图像搜索、在线猜疑、构建知识图表等，涵盖在线教学、练、改、测、评等方面。人工智能融入教育产业，重新定义了人与机器的分工，使其各自有机会最大限度地发挥功能和价值。

（一）基于人工智能的学习支持服务理论分析

1. 联通主义学习理论

联通主义学习理论（connectivism learning theory）的主要观点是：学习就是不同学习主体之间对已有联系的创造和解构，或者对已有完善的联系的适应过程，意在表现一种"从关系中学"和"分布式认知"的学习理论。联通主义强调个体之间的双向沟通和交流，也就是说联通主义强调学习者之间、教师之间、教师与学习者之间的互动。基于联通主义的观点，在线开放课程学习中，为保证学习者的学习积极性，应实现学习者之间、师生之间真实可靠的频繁互动和及时反馈。

2. 认知负荷理论

认知负荷理论（congnitive load theory）是一种基于人脑认知科学的教学理论。研究表明，影响个人认知负担的因素主要包括个人因素和学习任务，个人因素尤指以前的学习经验，学习因素指的是组织形式或如何提供困难和容易的学习任务资源。认知负荷包括内部认知负荷、外部认知负荷和相关认知负荷，这是三种相互堆积的认知负担。为了促进有效学习，外部认知负担必须在教学过程中减轻，认知负担增加，而且认知负荷不能超过学习者所能承受的全部认知负担。针对认知负荷理论，一门在线开放课程应该根据学习者的需求，划分若干个知识点，并将其录制成若干个对应的视频，必要时嵌入随堂小测，以激发学习者的学习动力，培养学习者的学习热情。

3. 沉浸理论

沉浸理论（flowtheory）被用来解释为什么人们完全参与某些情况，集中他们的思想，过滤所有不相关的感知，成为浸礼过程的一部分。当一个人从事与他的个人能力相当的活动或挑战时，其会被激励去完成该活动，就容易产生沉浸体验。该理论已经被广泛用于人机交互和虚拟环境的研究中，如在线游戏、在线学习、在线购物等，在教育心理学的范畴内，针对在线学习的设计和讲授方面的研究尤为突出。在线开放课程的学习充满各种"挑战"和对学习者学习能力的要求，基于沉浸理论，处理好在线开放课程学习支持服务当中"挑战—技能"八种复杂关系，使得学习者进入沉浸学习状态，能够有效地改善学习效果和提高教学效率。

（二）基于人工智能的在线开放课程学习支持服务模式

人工智能是计算机科学学科的一个分支，被认为是 21 世纪最先进的三种技术之一。[①] 人工智能技术被应用于教育技术的相关研究有很多，王萍等基于智能虚拟助手的视角提出语音技术和语义技术是人工智能应用的基础。知识推理和知识集成，如机器学习、深度学习和知识库，是使机器智能化的智能助手的核心技术。大数据和云计算是人工智能的支持技术。闫志明等人提出的教育人工智能的关键技术是揭示知识、机器学习和深度学习、自然语言处理、智力代理、情感计算。

基于对人工智能应用于教育的各项技术进行分析整理，结合在线开放课程的特点，在以信息服务—教学服务—教辅服务—评价服务为核心环节的在线开放课程学习支持服务系统中融入人工智能技术，得到人工智能视域下的在线开放课程学习支持服务模式的雏形，如图 3-5 所示。

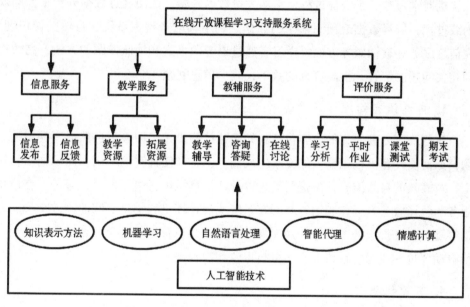

图 3-5　基于人工智能的在线开放课程学习支持服务模型

① 许子明，王振，田杨锋. 人工智能概述 ［J］. 科学技术创新，2018（6）：99-100.

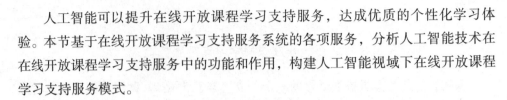

人工智能可以提升在线开放课程学习支持服务，达成优质的个性化学习体验。本节基于在线开放课程学习支持服务系统的各项服务，分析人工智能技术在在线开放课程学习支持服务中的功能和作用，构建人工智能视域下在线开放课程学习支持服务模式。

1. 知识表示方法

知识表示方法主要用于评估那些比较困难或不能由该领域的专家作为规则阐明的知识。利用其计划系统和诊测系统，在信息服务和教学服务方面，根据教学目标和学科内容，制定课程大纲和相关教案，为教师提供参考。课前进行学前测试，掌握学习者的风格和特征，确定合适的教案和教学方法，实现个性化教学；在教辅服务和评价服务方面，记录和诊断学生的学习过程及情况，及时调整和纠错。

2. 机器学习

机器学习是一个统计过程，它从大量数据开始，试图通过数据分析来推动规则或过程，解释数据或预测未来的数据。利用其语音搜索系统、自然图像识别。在信息服务和教辅服务方面，学习者通过语音的方式和拍照搜题的方式，高效得到相关问题的解答，提高答疑的效率，减少信息冗余。

3. 自然语言处理

自然语言处理研究的内容包括：如何让计算机正确回答用自然语言提出的问题；如何使计算机根据输入的文本生成摘要；怎样使计算机利用不同的词语和句型，对输入的自然语言信息进行复述以及让计算机进行语言翻译；等等。在信息服务和教辅服务方面，利用智能问答系统实现计算机和学生之间的高效交流、咨询答疑；在评价服务方面，利用文本的分析与知识管理，对学习者的平时作业进行自动评价和纠错、话语和文本分析以及剽窃检测。

4. 智能代理

智能代理是一种自动完成的计算机程序，以主动服务的形式运行，具有分布、自主、主动适应和移位等特征。我国利用其信息的检索与过滤、协同学习和智能推理建议的功能，在教学服务方面，根据学习者的学习情况推送符合学习者知识水平的教学资源和相关拓展资源；在评价服务方面，动态跟踪学习过程、实时监控教学行为，对学习者的自主学习行为进行监督，根据学习者的学习情况、进度和效果给出具体的指导。

5. 情感计算

情感计算指的是机器能够识别、翻译、处理和复制人类的情感，比如使用摄像机捕捉面部表情和手势，结合能够识别和理解所有这些相互作用的算法，并发展出计算机理解类似人类事物的能力。

综合以上的研究和分析，进一步细化人工智能视域下在线开放课程学习支持服务模式，如图 3-6 所示。

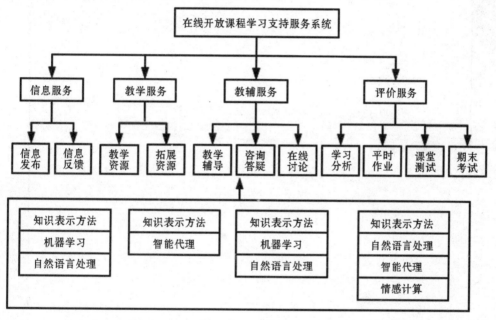

图 3-6 细化后的基于人工智能的在线开放课程学习支持服务模式

本节结合人工智能技术支持在线开放课程学习支持服务的功能和作用，通过理论研究、内容分析、模式构建，开展人工智能视域下的在线开放课程学习支持服务模式的研究，得出以下结论：提出了以信息服务—教学服务—教辅服务—评价服务为核心环节的在线开放课程学习支持服务系统，构建并细化了人工智能视域下的在线开放课程学习支持服务模式，明确了人工智能在具体学习服务内容当中的作用。

第四章　在线开放课程设计与开发

　　课程设计是一个有目的、有计划、有结构的产生课程计划（教学计划）、课程标准（教学大纲）以及教材等系统化活动。

第一节 在线开放课程设计理念

课程设计有三个维度：第一，课程设计在宏观层面，即课程计划；第二，课程设计、课程标准和课程材料；第三，一个小规模的课程设计，也就是教学计划的设计。本书所称的在线开放课程设计，倾向于第三种微观层面的课程设计。但它也涉及宏观和中等规模的项目设计。

设计的理念是课程的灵魂所在。在线开放课程设计遵循现代教育理念、教育教学课程，必须符合人口特征的空间和时间限制，又要符合在线开放课程的开放性特征、互动互助特征，共同解决学习知识和传播知识，学习者可以独立选择课程、个人学习时间和特定学习场所的内容。

一、贯彻"以学习者为中心"的课程建设宗旨

"以学习者为中心"的理念，重点是在线学习者的认知学习和支离破碎的开放学习的特征，不断地将目标集中在学习者身上，并不断地将学习者置于设计、开发、应用和评估课程的主要位置，开发出具有学习者特征、有针对性、实用的在线开放课程。

二、构建"成果导向教育"的课程开发模式

"成果导向教育"的理念，关注学习教育的结果，通过关注学生完成学习后学到了哪些、能够做哪些等一系列问题，对学生进行有效的评估结果，反映了学习的结果，确定学习过程，对课程使用具有投射的结果。围绕"确立预期学习成果—达到预期学习成果—评价取得的学习成果"这条主线，优化课程队伍结构，明确师资队伍，管理支持人员，开发生产人员的分工和要求，组织好课程资源，安排教学活动，选择开发工具，规范开发过程，建立课程考核方法，构建课程评价模式。

三、建立"持续质量改进"的课程开发机制

坚持"持续质量改进"（continuous quality improvement，CQI）的理念，通过创建有效的质量监测和可持续改进机制，将课程整合成全面的质量管理和监督进程，重点是对跟踪和教学研究有效性的评估。基于大数据调查分析，在完整的教学过程中，掌握每一个学习者的学习习惯以及个人特点。根据学习者或教学伙伴关于反馈的信息，将主题发展和教学改革结合起来产生当前的结果，不断改进课程计划、课程内容、教学方法、评估手段等，提高教学质量和教学效率，从而更好地发挥人才发展的作用。

四、营造"在线协作学习"的课程学习情境

坚持"在线协作学习"（online collaborative learning，OCL）的理念，教师、助理或技术支持人员应该注重协作学习环境的建设，在观点的产生、观点的组织、思想的统一过程中，引导和帮助学习者发展协作的讨论和学习，促进知识的发展，实现增长知识、技能等目标；基于协作形式、设计和实施教师干预加强合作进程、克服偏离主题和现象的网络讨论，使学习者能够在实际意义上实现他们的智力能力。在线协作学习模式是 DOCC。

在以上四个理念中，SC 是目的，OBE 是要求，CQI 是机制，OCL 是工具。当在线开放课程发展时，它必须是灵活的。

第二节　在线开放课程设计内容与要求

课程设计是建设课程的重要基础，是影响课程发展质量的重要过程。在线开放课程是碎片化学习课程，短视频内容模块化，一般按问题组织基本知识或技能点，基于知识点，开展教学活动，还根据信息或技能组织教学资源，拍摄教学视频，确定媒体如何呈现，设计教学模式和其他方法等。在线开放课程设计过程中，应遵循教学的基本规律，结合在线开放课程教学的特点，围绕课程定位和人才培养目标展开。根据学习需要的分析、课程要素的梳理，对知识或技能点的梳

理和计划，对根据技能的章节或点的内容和教学进行仔细的管理，并对课程的教学资源进行科学的管理。教材和教学活动应该包括课程相关领域的基本知识技能、典型案例、综合应用、主要专题等。

一、在线开放课程构成要素

在线开放课程是碎片化的互动学习课程，具有短而模块化的视频内容。知识点按问题组织，以发展知识点教学。课程内容包括课程介绍、课程宣传片、教学视频、课间提问、教材（PPT 教案、参考资料等）、课内测试、单元作业、考试、在线讨论、实践教学（实验教学）、学科前沿等。

（一）课程介绍

课程介绍包括课程基本信息、课程简要描述、课程详细介绍、课程选修要求、课程教学安排、教材或参考文献目录、学习考核方式、课程评分规范等。课程介绍包含的信息，采用文本格式，见表 4-1。

表 4-1 课程介绍信息表

项目	内容描述
基本信息	内容要求、适用专业层次、教学团队等
课程简要描述	课程宣传口号，突出课程特色，字数不超过 100 字
课程详细介绍	用 200~500 字说明课程背景、教学目的、重要性、核心知识点或技能点、教学特点等
课程选修要求	说明学习者需要具备哪些知识基础
课程教学安排	以讲或周为单位给出讲或周的教学目标、教学内容和教学要求
教材或参考文献目录	列出课程主要教材和参考文献。 对于网络资源，须标明资源内容和链接地址。 给出具体的文献资料，提供概要性解释说明
学习考核方式	单元测验和单元作业的个数、分值。其他考核方式，如论坛讨论发帖数
课程评分规范	计算课程总分的方式以及通过课程的规范

（二）课程宣传片

课程宣传片是介绍课程特色、课程内容和课程要求的视频，目的在于激发学习者学习课程的兴趣，提高学习者对课程的重视与关注。宣传片时长一般控制在2分钟以内，采用 MP4 格式。

（三）教学视频

在线公开课堂上的教学视频可以用来解释知识要点、示范技能操作、介绍实验设备和环境、解读例题、分析案例、演示动画等。5～15分钟的视频教学是合适的（尽量不要超过20分钟），视频采用 H. 264 编码方式，分辨率不低于720p（1280×720，16∶9）。

教学视频应该是自由拍摄的。老师的图片，中间和近景，图片要求人物和桌子（信息）要清晰，不提倡图片没有老师的整个桌子或幻灯片配音。视频格式为 MP4，单个视频文件小于800M，无 LOGO 或卡顿影响观看。声音要求清晰，没有声音沟通或其他噪声。

教学视频可以选择添加开始和结束，总时间应控制在10秒以内。如果一个教学单元中有多个视频，最好只添加第一个视频头和最后一个视频。

视频需要配备单独的字幕文件，不应与视频相结合，字幕文件采用 SRT 格式，国家标准中使用的字幕（与1986年10月颁布的国家语言通用表和2013年6月5日颁布的国家通用表）标准，不出现繁体字、异质汉字、错字。

（四）课间提问

超过5分钟的视频应该被放在课间的问题中；有条件的课程，建议每5～6分钟插入一次。以适当的客观标题回答问题，问题可以是一个问题、多个问题、填写问题和判断问题。

（五）教学资料（PPT 教案、参考资料等）

教材可以是演讲，也可以是其他的参考资料或文献等，也可以使用教学平台上提供的文本编辑器。教材的教学应该是完整的，所有课程的教学内容都应该是多媒体教学或者教学软件，如使用 PowerPoint、Flash、Authorware 等。根据课程内容的性质，每章也应该有一些图形、图片或动画。

（六）随堂测验

如果一个教学单位有多个视频，可以在随堂里加入测验。虽然测验不能设定提交或记录学生的常规结果的时间限制，但测验可以帮助学习者学习或练习，也可以检查学习者对教学的理解和掌握程度。

课堂测试通常由客观问题形成，基础学习自动打分；一个测试可以由一系列的客观问题组成，问题可以是单个问题、多个问题、填写问题或评估问题，数量不限。

（七）单元测验

单元测验应该有一定的时间限制，老师可以选择把成绩记录在正常成绩中，需要确保问题和答案是正确的才可以发表出来。单元测试通常由客观问题形成，自动分析平台，一个测试可以由一系列客观问题形成，问题可以是单个问题、多个问题、填写问题、评估问题，数量不限。老师可以为单元测试制定管理策略，如可提交的学生数量，最终成绩哪一次最好。由于考卷里有严格的汉字比较规则，要填写问题，所以名词或数字问题的答案是适当的。

（八）单元作业

单元作业应设置截止时间，教师可选择录入普通成绩，须确保问题和答案在发表前得到核实。

单元作业是由主观判断的，用学习者的意见或教师的纠正来判断。单元作业包括作业要求、作业题目、分值和评分规范。作业要求应说明学习者要做什么、作业的批改方式以及相关建议。作业题目是指具体的作业要求。分值和评分规范是指评分的依据，包括得分项的描述和对应分值等若干项。

（九）考试

考试是对学习者所学习的课程或整体阶段的测试或评估。为了确保测试在发布前得到正确的检查，不需要更改所提出的问题。

考试题的形式与单元测验和单元作业相同，客观的问题是由系统自动判断的，主观地问题使用学生相互判断或老师打分。

（十）在线讨论

在线讨论是在一个教学单元中发起的课堂讨论，也可以是学习者提出的问题。讨论问题应属于开放性问题，没有规范性答案。教师提出的问题表述应清晰、严谨，每个模块至少提供一个讨论问题，以推动学习者对于所学内容的思考和交流。教师可选择将学习者发言情况计入其平时成绩。

（十一）实践教学（实验教学）

实践类或实验类课程应以教学大纲为基础，提供与实践（实验）配套的指导材料和操作引导视频。

（十二）学科前沿

向学习者提出需要阅读的最新材料，或者介绍当前的研究成果。教学内容与资源是在线开放课程知识或技能的载体。根据学科特点、围绕学科提纲、贯彻学科概念、制定教学内容和分配教学资源，理清知识与技能要求创新视频课程与教学模式。视频教学内容需要细化，每段视频5~15分钟是合适的。对于知识或专业模块，应设置作业或讨论，2~3个测试（课堂测试）是合适的，以帮助学习者掌握学习内容或测试学习效果。

课程资源应该是一个完整的、丰富的、支持互动的系统，可以应用于教学和学习的各个方面，反映教学理念、教学内容、教学设计，展示课堂小组教学风格。除教学视频之外，还应提供课程、教学团队、教学计划、教学大纲、考试、演讲、难点指导、作业、材料、参考材料、案例、专题演讲、素材资源等。资源要尽量有条不紊，要与知识、技能相适应，才能支持整个教学和学习过程。科学安排作业、考试、回答问题、讨论、评价和互动教学活动，促进师生、教师、学生之间的资源共享、交流问题、合作学习，从而提高教学吸引能力。

在课程内容呈现上，正确使用文字、图片、音频、视频、动画和虚拟模拟等材料，可以通过信息技术充分利用传统教学的优势。应符合资源的内容和性质，充分标注资源的科学属性，方便获取资源和组织智能。规范形式的资源应符合行业通用的网络教育技术标准。

三、课程教学模式与方法

根据在线开放教学的基本原则，充分反映了在线开放课程发展的理念，建立了在线学习与课堂教学的结合，改变了课堂教学模式。运用多种教学活动，包括在线讨论、信息提醒、测验、怀疑、作业、同事评论、在线讨论、问卷调查和实时审查。讨论是在线开放课程的重要组成部分。教师的课程安排应根据课程内容和特点，充分利用高质量的主题，灵活运用探究式、案例分析、小组讨论、角色扮演、激励等教学方法，激励学生参与讨论互动活动。发现每个学生的学习优势和潜力，提高教学效率。关注学习任务与设计任务之间的活动，通过在线考试，教学及时反馈网络，在网上讨论、安排作业，并在网上打分、网友谈论，推动师生之间的资源共享，实现师生之间的沟通与合作，加强师生的互动，增加教学吸引力，激励学生学习兴趣。

四、多元化学习考核评价模式

专注于评估学习成果，为不同的课程设计一个简单、有效的评估系统。在提问和访谈问题时，应注意学生追求"简单"的期望，根据课程设计的特点，采用有效的评价方法。建立一个科学评估系统，鼓励主题多元化、多面性内容、以不同的方式评估、强调期末考试课程，以及应该专注于过程评估、探索整体评估、过程评估和最终评估，促进独立学习、过程学习和体验学习。课程应有明确、合理的考核策略，由课程负责人在开课前向学生发放试卷，包括完成试卷、作业、讨论和学习活动等分量的数量、标准分数和比例。

五、课程团队支持与服务

项目负责人原则上是富有教学经验的教师，受过高等教育，品德比较好，近三年的课程主题应该不止一次，至少要完成 25% 的课程教学录像任务。本课程长期教学任务的教师队伍，除主课教师外，还应配备必要的教师助理和现代技术教育人员，建立长期在线课程，进行内容更新、在线指导、问答等。教师应熟悉教学的特点和规律，熟悉学生的在线学习，在整个教学过程中应注重学生的学习行为，注重学习和有效学习，指导教学过程，监督教学质量，提供教学内容和学习资源的自动化，明确考核机制等，而不是在教学过程中起主导作用、干预教学过程。

六、信息安全及知识产权保障

应严格遵守国家网络安全管理和信息的要求，依法开展教学活动，有效监督课程内容、讨论内容、学习过程内容，预防和及时制止有害信息的传播。重点记录用于构建课程内容的版权和知识产权、图片、音频视频和等材料。大学建设和课程建设团队必须签署相互盈利知识产权保障协议，该协议确定了各方的权利和义务，并实际上保证了他们的权利。

七、教学效果与影响

坚持"持续质量改进"的教育观念，加强对学习过程、教学效果的跟踪调查与评价，充分记录和跟踪教师的教学和学习过程、内容和反馈，跟踪和捕捉每个学生的个人特征、学习行为，基于大数据技术采集分析学习者和同行专家的反馈信息与数据，持续改进课程方案、课程设计、课程内容及教师的教学方法与教学质量，促进在线开放课程建设和应用水平的提升。

八、媒体与内容有效结合

多媒体信息呈现形式主要包括文本、图形、图片、视频、音频、动画等，基于对各种媒体信息特征的深入分析，选择一种结合媒体形象来呈现课程材料和资源的媒体形式；基于参与者的学习、课程内容和课程目的，选择合适的媒体组合来呈现对学习者有益的课程材料。使用文字、图片、视频等媒体形式的组合应用，在促进学习者学习方面将比仅仅以文字媒体的形式呈现课程材料更有效。通过结合课程材料，如写作、图片、图表、动画，学习者可以形成知识的模块，并建立适当的关系来实现意义建设。认知负荷理论的通道效应表明，同时使用视觉和听觉渠道传递信息，无论是为了学习效果还是为了学习满足感，最好是使用一个视觉或音频渠道。因此，尽可能多地利用视频、音频和媒体来减少娱乐的过度信息。一个合格的在线开放课程应该基于课程内容来设计，选择许多适当的媒体形式，结合课程材料，并实施有效的媒体组合内容。

九、降低学习者认知负荷

在线开放课程设计过程中，应该关注适当使用媒体材料，始终如一地坚持"内容提交符合内容表达"在线公开课程的思想设计，处理媒体展示与教授内容表达需求之间的关系。要呈现课程内容，必须遵循认知负荷理论，并减少学生的内在认知负担。内在的认知负担与学习内容元素之间的互动有关，当学习者的元素与学习者处理信息所需要的重要角色之间的关系较复杂时，就会产生更高的认知负担。在线开放课程设计可以减轻学习者以下几个领域的内在认知负担。

（一）减少屏幕上无关信息

屏幕上的过多信息会干扰在线学习者的学习过程。如果你想引起学习者的注意，在界面中添加许多动画、图片、图片等，或者使用过度的格式和颜色字体、控制、图表、导航菜单，这些字体很容易干扰学习者的学习。

（二）使用图表或概念图解释抽象的内容

概念、图表可以作为一种学习策略，促进学生学习意义，整合新旧知识，构建知识网络，使学生掌握整体知识，也可以作为一种认知策略，提高学生的自学能力、思考能力和反思能力。使用概念映射、图表显示复杂的学习内容，使内容直观易懂。

（三）添加标注说明

标记关键内容并配置提醒，从而提高学习者学习的效率。当学习者使用不清楚的书面材料、未标记的图表，连接和猜测文本材料或图表时，这可以增加认知负荷。因此，在图表中放置相关的比喻文字可以帮助学习者理解图表的内容，减少学习者对图表意义的不必要的猜测，从而减少工作记忆的认知负担。

（四）最小化且连续的课程结构

基于认知负荷理论，学习者对资源的理解有限。一旦信息超载，就会影响学习者的发展意义。从神经生物学的角度来看，最少的电荷和频繁的重复会鼓励学习者积累知识。在在线开放课程设计中，教师应该遵循模块化的原则，让学习者在短时间内筛选知识要点，并专注于基本知识。换句话说，课程的内容应该以小的单元来表示，每个模块通常只涉及一个知识点，解释时间可能是 5 ~ 15 分钟，但课程的知识点不能随意划分，不然会影响课程系统。

第三节 在线开放课程开发

当项目完成后，我们进入了开发阶段。课程开发是通过分析需要确定目标，并根据目标选择一个（或多个）学科的教学内容和与计划、组织、实施、评估、修改有关的教学活动，最终达到整个工作过程的目标。课程开发包括课程目标、课程内容、课程实施和评审四部分，课程设计是课程目标、课程内容的设计。如果课程设计可以比作建筑蓝图，则课程发展可以比作在建筑蓝图的基础上建造一栋建筑。课程设计与课程开发的对比分析，详见表4-2。

表4-2 课程设计与课程开发的对比分析

对比项目	课程设计	课程开发
课程目标	将绩效转化为目标行为的过程，注重课程目标的设计，即课程结束后，学习者应改变具体的行为	开发项目是一个将行为目标转化为学习活动的过程，按照课程设计指南和要求完成课程
关注重点	关注的是学习者的学习注意力水平，外界的刺激会影响学生的注意力和教学顺序	专注于在学习者的大脑中构建信息、处理大脑接收到的信息的过程，强调知识是如何构建的
输出结果	以输出课程开发标准为中心，输出的课程小效果图+课程大纲	以输出授课标准为中心，输出的是完整的课程，包括课程的各个构成要素
典型任务	定义课程目标，选择课程教学内容、配套资源、教学方法和手段，根据学习的难点、知识的特点和学生学习的顺序合理安排，然后根据学生注意曲线和课程设计原则安排教学顺序，最后绘制课程流程图并编写课程方案	开发教学活动、设计学习过程、开发学习材料、开发评估材料

续表

对比项目	课程设计	课程开发
占课程比重	课程设计是一种定向和标准的东西，它对整个课程的质量做出了大约 70% 的贡献	课程开发是一个持续的过程，影响了大约 30% 的学习成绩
所属学科领域	项目设计的核心是行为心理学	课程开发更注重认知心理学的课程

　　课程开发的目的和需求各不相同，主要分为两类：一类是由高校开发机构代表的课程，另一类是由大中型企业代表的课程开发。高等学校教育制度的主要特点是教育制度知识渊博，教学内容严谨、科学。企业实践课程开发系统的主要特点是能够教授和使用知识、教学内容以及与工作的密切关系。由于不同的开发目的和需求，课程有着不同的开发技术和不同的设计方法。学院课程体系因学科理论和严谨而发展起来，得到了课程设计理论的认可，是加涅课程设计的方法。

　　技术教育作为一门技术理论发展课程，其内容由思想、方法和技术三部分组成，其中方法和技术是课程发展理论的核心内容。从这个角度来分析，科学理论发展的不足是他们认为课程是要达到特定的活动目标和经验设定，特别是要用"目标"来设计、技术决定，通过目标分析得到内容而不是内容分析来确定目标，首先决定学习的模式，然后选择实践的内容——这与很多从目标到内容的方法背道而驰。开发在线开放课程的重点是找到一种方法来开发更适合技术和组织方法的课程。探索的基本逻辑可以是：程序的基本单元是什么，基本单元的组成部分是什么，以及这些单元是如何构建和组织成课程的。这些方法和它们的组织被称为课程开发技术。

第四节　在线开放课程脚本

在线开放课程设计开发过程中，课程团队成员之间有效的沟通保证了课程将准确实现。开课前先在网上进行开发，进行整体设计，确定课程方案、课程设计、备课材料等各方面的课程，而大部分课程不具备综合技术能力，应由技术专家来完成。因此，需要一个工具来准确地表达教学团队和技术团队之间的关系，这个工具就是在网上编写开放的课程代码。"脚本"一词是编剧的术语，指的是基于剧本、电影等的工作底本。从教学设计的角度出发，结合在线开放课程的属性特征，编写具有可操作性的文字材料用以指导在线开放课程的开发和制作，这种文字性的材料就是在线开放课程脚本。在线开放课程具有课程框架完整性、学习过程交互性、呈现方式多种媒体集成性、课程内容易更新性等特点。创新课程设计，并通过脚本教授课程设计理念。脚本帮助团队发展想法，并为他们展示设计。脚本是教学团队和技术团队开发在线开放课程过程中的一种规范，明确在线开放课程制作的各个细节问题，避免或减少后期出现因不符合教学设计要求而返工现象。脚本又是对教学设计方案的细化再设计，使其更合理地安排资源。同时，脚本也是技术制作人员开发在线开放课程的依据。

从利于课程开发的角度出发，在线开放课程脚本可以划分为内容脚本和分镜头脚本。在线开放课程内容脚本主要体现课程定位与目标、课程设计思想、课程教学内容等，以及课程开发制作过程中相应的规范与要求，是在线开放课程教学内容与媒体呈现方式融合于一体的文字稿本。文字稿本主要是由熟悉教学方法、了解教学律法和教学经验的专业教师写的。因此，在线开放课程内容脚本，应以教学团队教师为主进行撰写，拍摄与制作技术人员参与并指导完成。在线开放课程分镜头脚本主要是在课程开发的拍摄与制作环节中使用的，应以拍摄与制作技术人员为主撰写，教学团队教师全程参与完成。

一、在线开放课程内容脚本

写脚本是开放课程开发的重要组成部分，要对视听内容的选择、结构、形象、人机交互的方式、解说词、配乐等进行一系列详细周密的考虑和安排，并以一种准确的方式与技术合成进行无故障的交流。脚本的内容不是教科书或教学程序的简单副本，它不仅包含了所有媒体材料的布局、内容和设计，还需要设计交互行为，描述学生在计算机终端上看到的细节。

（一）序号

一般来说，文字可以看作一组文字卡的顺序，而文字卡的顺序是根据教学过程的顺序来确定的。我们可以把相关的列表分开，把文字卡的号码按顺序排列。如果在教学过程中有适当的问题，那么你可以插入与问题设置相关的数字。

（二）教学内容（知识点或技能点内容）

内容是知识点的文本内容或知识点的知识组成部分，也可以是与知识内容相关的问题。如果内容中的一个点需要链接，请使用下画线的形式（例如链接），并在相关链接的热点单词中标记链接内容。

（三）画面显示媒体顺序及位置

因为在线开放课程通常使用多媒体手段来表达教学内容，当向学生解释一个知识点时，不仅是文字，还可以包含图像、动画、声音等。因此，在脚本卡上，必须指定这些信息的出现顺序和它们在屏幕上的位置。显示媒体的顺序和位置是在每一个教学过程中，出现在前面和后面的各种信息（如显示后的第一个文本、显示后的第一个图像或显示后的图片和文本）和信息的位置。

（四）详细效果描述

一些复杂的影响无法清楚地解释为"显示媒体顺序和位置的图片"。因此，可以在这件事上提供指导。例如，教学中使用的一段动画和动画场景设计可以在这里描述。

（五）配音解说词

它是配音材料的内容文字。如果你需要为一些内容添加声音，你就要写一个详细的解释。

（六）所属章节及栏目

为了让制作人理解知识点或教学内容之间的关系，需要在这里标记章节和条目。

（七）相关链接和热字

它是相关链接和热词的内容。

（八）时长

它是指该编号的教学内容拍摄计划时长。

二、在线开放课程分镜头脚本

（一）在线开放课程分镜头脚本内容

分镜头，也称为工作场景，是一种媒介，它以文本为基础，通过独特而巧妙的艺术设计将僵化的文本转换成动态的声音图像。它们的主要任务是基于开放课程的解释和内容，在线设计图像，配置音乐声音，捕捉节奏和视频风格。分镜头是一个初始场景和一个后期设施。因此，分镜头脚本应以细节为主，不能过于笼统，应把讲稿中的每段话进行拆分，并写成一个个分镜头。镜头无论多少，情节一定要细。而且每一个镜头，都应给出需要拍摄的场景；即使是片头，也应写出拍摄的具体时间，精确到秒。在写每一个镜头时，应明确安排此镜头的目的以及后期编辑加工的要求。分镜头脚本撰写的关键是如何分解分镜头。

对于开放的在线课程，不像电影剧本和电影要创作文字，电影剧本和彩色剧本，只能根据文字的内容和演讲来写文字。

（1）镜号。场景的数量，按照视频中场景的顺序，是数字标记的。这可能是一个场景的代码。不一定要按顺序拍摄，但要按顺序编辑。

（2）机号。在现场拍摄时，通常2或3台摄像机同时工作。摄像机代表第一个相机的拍摄场景。当两个前镜头和两个后镜头被两个以上的摄像机拍摄时，镜头被连接在一起，在现场通过特技机来编辑这两个镜头。只有一个摄像机，不需要标明。

（3）景别。它根据所要求的内容，反映主题的全部或突出部分。一般有远

112

景、全景、中景、近景、特写等。

（4）技巧。视频技能包括：摄像机在拍摄时的动作技能，如推、拉、摇、动、按等；摄像头图像拼接技术，如图像拼接与按键拼接；透镜之间相互作用的技术，比如转换、模糊、折叠等。在线开放课程分镜头脚本中，技巧一般用来表明镜头间运动技巧，镜头组合技巧可以放到效果栏中。

（5）时间。它是指镜头的成像时间，表示镜头的持续时间，通常以秒为单位。

（6）画面内容。它表达特定的图像。为了演示，推、拉、摇晃、移动，用摄影技巧可以与这一列中的特定图像相结合。有时它包括图像协调技术，比如将图像分成两部分，或者按下按钮生成图像。

（7）解说（讲稿内容）。它是对一系列场景的解释必须与图像密切协调。

（8）音响。它是显示在镜头上使用的声音效果。

（9）音乐。音乐内容（歌曲名称）和开始、停止的位置，以补充和加深情感，提高表达能力。

（10）效果。它是指场景转换的效果，如淡入、淡出、切入等。

（11）备注。它便于摄制组记忆。你可以把现场拍摄地点和一些特殊要求、注意事项等放在这个领域。

关于镜头方面的问题主要有以下两点：

（1）镜距。镜距主要包括远景、全景、中景、近景、特写等，其分类及作用见表4-3。

表4-3　镜距分类及作用

镜距	作用描述
远景	主要强调场面的深远
全景	显示人物的相对状态、整个人物的身体
中景	符合一般人物的视野。它的视野不要太近，在人物的膝盖上
近景	能看清人物表情，取人物的上半身或其他部分
特写	放大一个人的脸、身体的一部分或一个物体的部分。

（2）镜头角度。镜头角度主要包括平视、俯视、仰视和混合运用。其分类及作用见表4-4。

表 4-4　镜头角度分类及作用

镜头角度	作用描述
平视	特征是人物形象或头像上方的直线（此角为平直、自然的感觉）
俯视	特征是人物或主体的头像在顶部。层次和动作比较清晰，但是表情不容易看到
仰视	特征是在腰部以下或身体下部观察的点。图像看起来很大，但它也会变形
混合运用	与直视、向下看、向上看相结合，以达到预期的效果

（二）在线开放课程分镜头脚本规范

（1）根据学校的场景和视频内容（也可以显示场景的名称），按顺序列出每个镜头的镜头数。

（2）定义每个场景的景别。景观的选择不仅是基于对内容的需求，而且是基于不同的景观在节奏表达、物体的空间关系和人们感知的规律中的作用。根据视觉可分为远景、全景、中景、近景、特写等大小不同的景别。有时它可以根据电影的需要进行分类，如大远景、中近景、大特写等。

（3）它规定了每个场景的拍摄方式和场景之间的转换方式。例如：固定或移动（推、拉、摇、下、动、变焦推拉等），照片的高度是平的还是斜的，直接在镜头或灯之间转换，封闭式屏幕是一种内键、外键、彩色键、图像分割、重叠或数字封闭式和动画。通常情况下，固定镜头、平板镜头和镜头之间的直接转换不需要在分割场景中特别注意。

（4）估计透镜的长度。镜头的长度取决于发展内容和理解镜头内容所需的时间。与此同时，还应考虑继续、转换或停止情绪所需的时间。

（5）用细腻具体的语言描述要表现的画面内容，包括事件的时间和地点、情节的安排、主要动作、人物的表达和心理状态以及对细节的处理。

（6）编辑应该充分考虑声音的作用以及声音和图像之间的对应关系，配置好解说、音响效果和音乐。

分镜头脚本是基于文字内容和语音的处理，不是基于文字内容和语音图的翻译。虽然分镜头脚本也是用文字写的，但它几乎是一个完整的课程视频的产物，或者是一个可以在脑海中"播放"的音频视频，已经取得了一些明显的效果。因此，在制作场景时，使用的场景必须自然流畅，图像必须简单易懂，场景之间的联系和对话、声音等信号必须清晰。

分镜头脚本质量将直接影响后续视频的拍摄与制作，是课程视频呈现的关键所在。分镜头脚本应以知识点为单位进行撰写并以知识点（技能点）命名文件，以章（篇）文件夹存储，便于查询和管理。

在现实操作中，更多地把课程内容脚本与分镜头脚本合并成一个脚本，把各种脚本要素整合在一起，根据需要和习惯，设计脚本格式。这样做的好处就是工作量相对小一点儿，缺点就是：脚本要素过多、过于烦琐，用起来不方便。

（三）在线开放课程媒体素材规范

在在线公开课程创建过程中，教学资源的媒体演示形式是根据内容特征和教学设计决定的。需要使用的内容、应该使用什么样的媒体形式，需要教学团队和技术制作人员之间协调，最终通过一个更详细的脚本卡形式来开发。

媒体材料可分为五类：文本材料、图形材料、音频材料、动画材料、视频材料。

（1）文本材料。中国文字资料中的汉字是用 GB 编码和储存的，英文文字和汉字是用 ASCII 编码和储存的。

（2）图形材料。图形材料应以通用格式处理和存储。因为互联网上常见的格式只有 GIF 和 JPG 格式。所有的图形都必须在这两种格式中选用一种格式；图片的颜色不能少于 8 位颜色，图片的灰度不能少于 128 位，图形可以是一个颜色；扫描图像的分辨率不低于 150dpi。

（3）音频材料。采样频率不低于 11kHz 的声频数字，至少 8 位数，双通道的声频数字是合适的；声音数据存储的主要格式是 WAV 格式、MP3 格式、MIDI 格式和 RAM 格式。声音以 WAV 格式数字化，音乐使用 MP3 格式享受，MIDI 录音设备使用 MIDI 格式，声音使用流量格式进行实时交互；所有的声音数据都需要以实际的通信格式进行，如果有其他格式的声音数据（WAV、MP3、MIDI），则需要发送两份拷贝，一份是原始格式，一份是转换成实际的通信格式。

（4）动画材料。动画素材使用 MB、SWF、ANLGIF、FLA 等格式。动画素材可根据课程内容呈现需要，收集并运用到课程中，以提升课程效果；也可以根据需要由课程团队或聘请专业公司基于应用动画开发软件订制开发。

（5）视频材料。视频文档使用四种存储格式：AVI 格式、QuickTime 格式、MPEG 格式和移动通信格式。应该在个人电脑平台上使用 AVI 格式，苹果系列使用 QuickTime 格式，主要用于观看大视频材料使用 MPEG 格式，使用媒体格式进行实时在线视频教学。所有的视频数据都需要采用实际的通信格式，如果有其他格式的视频数据（AVI、MPEG、MOV），则需要发送两份：一份是原始格式，一份是转换成实际的通信格式。视频数据不少于每个帧的颜色——不少于 256 或灰度不少于 128；视频中的声音和图像必须是同步的。

第五章 在线开放课程的创新应用

信息技术是在线开放课程逐步成为高校教学改革和社会学习方式变革的重要推手，也是开展一流课程建设的重要方式。在经济欠发达地区，教育资源分布不均的问题尤为突出，在线开放课程的出现改变了这些地区原有教育资源的供给模式，为促进教育公平提供了有力保障。在线开放课程的创新应用是体现其价值的重要手段，也是当下全面提升人才培养质量，创建学习型政党、学习型社会的坚实后盾。

第一节　基于在线开放课程的自组织学习

在"十三五"期间，学院的在线开放课程的建设和应用得到了教育部的大力支持。网络开放课程的学生正在从"其他组织"转变为"自我组织"，自我组织学习已经成为主要的学习模式。然而，目前网上学习并不尽如人意，缺乏自主学习能力是影响网上学习效果的重要因素之一。因此，本节以自组织理论为指导，以学习动机模型为基础，对文献进行研究，对理论和行为研究等方法进行解释，构建基于学习动机模型的网络学习课程，并对其应用效果进行实际评价。实践证明，该模型可以有效地提高网络学习者的自组织学习能力和学习效果，能体现出网络开放课程的优势。

一、研究背景与问题提出

近年来，以 MOOC 为代表的具有中国特色的网络开放课程体系初具规模，并朝着深化应用、整合创新的目标发展。2016 年 6 月，教育部发布的《教育信息化"十三五"规划》明确指出，大学继续推出高校建设，在线课程必须在全球社会中进行。大学得到了中央政府的支持，并开始了在线教学改革，这些课程在提高高等教育质量和继续教育方面发挥了重要作用。

但是，并不是所有的参与者对在线开放课程的学习体验都是好的。例如，强烈的学习孤独感①、不高的交流度②等，都成为学习效果不佳、辍学率一直很

---

① 任友群，徐世猛. 开放课程的探索与思考——从学习者、决策者到建设者［J］. 现代远程教育研究，2013（5）：3-10.

② 张传思. 大规模在线开放课程交互设计研究［D］. 重庆：西南大学，2015.

高①的原因。学习者的学习成果会受到很多因素的制约，其中决定在线开放课程学习者学习完成度的重要因素之一是学习动机。美国教学设计专家凯勒（Keller）认为，学习者的学习动机主要有四个影响因素，分别是注意（attention）、相关性（relevance）、自信心（confidence）和满意（satisfaction），简称为 ARCS。该模型提供的操作动机设计系统对于解决学习者学习动机不足、难以保持学习动机、增强学习者自信心、提高自组织学习等问题具有重要的指导作用。

互联网时代的学习是一种连接学习，它包含来自知识交叉的知识网络，具有更强烈的社会和相互联系特征，因此它也越来越具有复杂、混乱和非线性特征。学习者在获取、评估和使用帮助学习者通过创建内容和与他人建立自我学习网络的信息时，应该拥有更高层次的信息掌握能力。在信息时代，人们发展了目标、教学模式和学习环境，逐渐转变为联系、个性和自我安排，以满足信息时代学习者的学习需求。

简而言之，本节基于学习者的观点，遵循自组织主义和基于 ARCS 的理论，为在线开放课程创建学习设计，刺激和保持内部学习动机，提高他们自我组织和学习能力，从而增加课堂学习的影响。

二、自组织学习内涵与研究现状

（一）自组织理论应用于在线教育的研究

在 20 世纪 60 年代末，出现了一个新的系统理论——自组织理论，是伯塔兰菲尔德系统理论的新发展。它包括分解结构理论、合作理论、突变理论和超循环理论。自组织强调事物的自进化，使在线学习系统符合自组织形成的条件。

在线课程来自远程教育，体验在线课程、高质量课程、开放高质量课程、MOOC 等开发过程。现在，网络开放课程主要是在线开放课程。在研究和实践的基础上，许多专家、学者和教师形成了自己的开放式教学模式。将网络开放课程的教学资源与远程教学相结合。正如我们所看到的，网络开放的应用和研究正在

---

① 沈欣忆，李爽，丹尼尔·希基，等. 如何提升 MOOCs 的学习者参与度与学习效果——来自 BOOC 的经验［J］. 开放教育研究，2014（3）：63-70.

从混合走向融合。然而，一些基于 MOOC 教学实践的研究仍然是肤浅的，实际上是普遍的，是活跃的，满足学生的个人需求非常少，目前大多数教学模式缺乏有效的机制来支持组织学习。

虽然学者参与研究，但仍处于初级阶段，研究成果集中在三个方面：研究教育系统的自组织特征、学习环境与设计教育研究、学习模式研究。比如：吴伟和赵海霞讨论了如何利用网络教育系统的自组织特征为网络教育的发展服务。李自强澄清了学习者的自组织现象和他们系统中存在的自组织，并讨论了如何利用自组织理论进行教育和学习。

因此，本节以学习者的观点为出发点，在自组织理论的指导下，研究开放网络学习模式，目的是提高自组织学习能力和学习效率。

（二）基于 ARCS 的在线教育研究

根据国内和国外的研究结果，ARCS 主要应用于在线学习环境设计和实施、在线教学设计和在线教学资源开发以及在线教学课程设计三个方面。因此，ARCS 模型通常用于在线教学设计，动员学习者的学习动机。学习者的学习有许多因素，动机是决定学习者学习有多完整的一个重要因素。因此，使用 ARCS 模型设计在线开放课程来刺激和保持学生的内部学习动机，促进在线开放课程学习者的独立学习，并有助于提高在线学习的有效性和满足程度。

三、基于在线开放课程的自组织学习模式构建

（一）研究设计与研究方法

这一部分首先通过文献研究分析自组织理论、学习动机理论和在线学习以及自组织条件，然后通过理论方法分析和表达模型的组成部分、关系和自组织过程，建立基于自我组织激励的学习模型，然后利用行为研究方法对模型进行应用和改进，提供了具体的自我组织学习活动和激励机制。最后，通过调查和评估研究来评估模型的应用效果。具体的研究设计与研究方法，如图 5-1 所示。

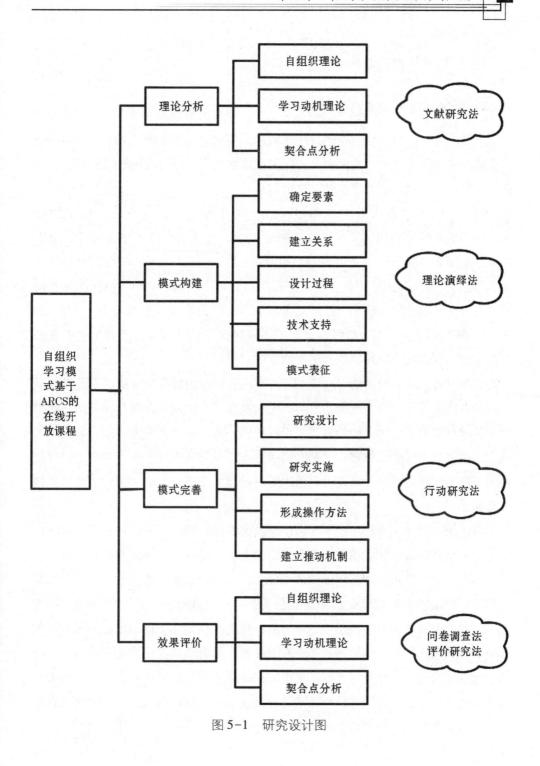

图 5-1 研究设计图

（二）模式构建的理论分析

1. 自组织理论及其指导意义

自组织是一个有系统结构的过程或现象。协同效应的创始人哈肯（Haakon）为他的组织提供了一个经典的定义：如果在检索空间、时间或功能结构方面没有任何外部干扰，那么这个系统就会自动调节。

自组织进化过程由五个步骤组成：开放且远离平衡（系统自组织的前提）—非线性相互作用（系统的自组织动力学）—波动导致有序（系统自组织的原始原因）—梯度与突变（自组织进化方式）—相变与分岔（自组织演化方向）。最后，完成从简单到复杂、从低阶到高阶有序的系统自组织演化图景，即混沌与分形。由此可以看出，系统的自组织演化分为混沌（平衡状态）、有序和混沌（非平衡状态）三个阶段。这也说明秩序源于无序，也可以转化为更高层次的混乱，其中包含有序和更高层次的有序。

自组织理论对开放的学习模式学习网络的开放组织具有积极的启示意义。从系统的角度来看，知识和能力系统的产生和发展具有过程和自我管理规则。如果学习模式与知识和能力系统的自我组织过程相一致，学习将大大增加。来自不同地方的在线教育学生，教授空间和时间的分离，以及自学的学生，为自组织理论提供了适当的应用场景。因此，自组织理论被应用于教育系统，特别是在网络教育领域。

自组织学习来实现成长的主要方法是获得美德、知识、智慧和美丽，这些本质上是人类和环境之间的精神能量和信息的交换。精神建设的实现具有开放、自主、过度限制、非线性和可持续性的特征。在表现自我学习能力方面，一些专家认为，一些关键方面应该包括激活、自我引导、自我调整、自我管理和自我控制。在线学习和自组织在本质上是兼容的，如图5-2所示。网络学习的开放性是形成有序的自组织学习结构的必要条件，在线学习者的高流动性是一种远离平衡的状态，是自组织系统有序形成的源泉。网络学习方式的多样性和成员之间关系的复杂性可以促进彼此的非线性互动，这是系统有序结构形成的内在原因。在线学习者有很多自由，这种弹性的自由可以诱发波动，进而形成秩序。

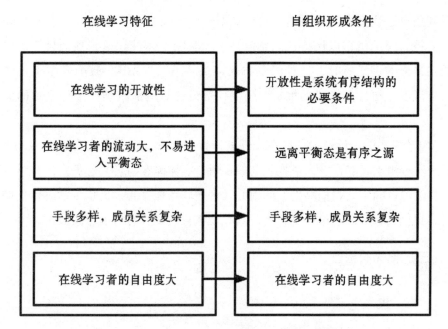

图 5-2　在线学习与自组织形成条件的契合点

随着自组织的概念和计划的引入，教学设计、课程组织，以及学习者和学习者之间的互动发生了很大的变化。这需要在线开放课堂、学习者、课程教师和助理教师之间的互动，创造一个足够开放但开始混乱的大型系统。每一个系统都是在相互竞争、协调的机制下相互作用，引发波动并实现秩序，尤其是单个系统在进化过程中的组织水平上都有一个跳跃，创造出新的路径来提高自身结构的复杂性，从而鼓励学习者从内部独立的网络学习。

2. 学习动机理论及其具体应用

学习动机是直接推动学生学习的动力，是推动和引导学生学习的需要。有效教学的一个重要因素是动机。它不仅是组织和调节学生的心理动机，而且是学生学习活动的直接动机。此外，动机在学习活动中起着重要的作用，并获得了学习知识的信息，它与学生的学习兴趣、学习需求、学习态度、学习信念、学习愿望等密切相关。

激励模式包括四个要素：关注、相关性、自信和满意度。在这些之中，关注是指动机主体把自己的注意力首先放在感兴趣的事物或行为上；相关性意味着如果参与者发现他或她注意到的对象与他或她的预期目标之间存在联系，动机就可以保持；自信是指动机主体相信自己有足够的认知和实践准备，相信自己可以利用自己注意到的对象达到自己想要达到的目标，并在实践过程中得到适当的支持，使动机得以保持；满意度是指当激励主体最终达到预期目标，体验到成功带来的满足感时，这种激励将长期保持下去。ARCS激励模型不仅注重动机的激发，更注重动机的维护，强调外部设计对内部激励产生与维护的促进作用。

ARCS模式的设计目的是在在线开放课程中教学，提高自身学习能力，为在线开放课程组织者和指导人员提供新的视角，以体验参与者兴趣的在线教学。因此，将学习者的生活与提高他们的信心紧密地联系在一起，这也为激励他们的学习动机提供了有效的理论基础，同时对在线教育教学具有启示意义。

（三）模式的构建

1. 确定模式要素

模式是填海现实的理论形式。

网络教育涉及理论指导和学生学习支持技术，网络教育包括理论基础、学习者、教师、教学方法、教学资源、教学评价、支持服务等。网上学习活动需要考虑到人、方法、内容、过程、资源、管理等因素。因为教育和学习是相互依赖的，所以这一部分提取了开放网络学习模式的组成部分，包括学习者、教师、资源、学习平台、方法和评估。

2. 建立要素关系

这与学习网络的特点相结合，进一步分析了开放学习网络的自组织学习模式的要素。

（1）学习者与教师的关系

自组织学习是一种集中注意力的学习方式；没有老师的指导，学生就不能有效地进行自组织学习。因为网络开放课程是开放和自组织的，所以学生应该发展充分的自主性和主动性。根据自组织理论的原则，只有开放的系统才能与外部世界进行物质、能量和信息的交换，从而创造出一种有序的结构。因此，为了保持组织学习的长期稳定，学习者必须与外部世界进行物质、能量和信息的交流，这意味着没有老师的指导，学习者无法有效地学习。

（2）师生与资源、平台的关系

资源是学生学习和获取信息的重要途径。开放平台在线课堂上给学生提供了生动丰富的生活条件、自由共享空间、所有的资源和工具，促进合作深度和对人与人之间的交流，促进学习的人改变认知结构。主动学习，起初用自己的故事来同化或适应这个角色创造了新的知识，从资源的"分享学习"到"过渡共生"的智慧。

（3）师生与教学方法、教学评价的关系

教学方法是学生的学习方法和教师的教学方法之间的有机结合，是组织学习的必要组成部分。学生的自学依赖老师有必要的策略来促进和维持学生的学习动机。因此，引入 ARCS 来指导教师的策略对于促进和保持学生的学习动力是至关重要的。教学评价是对教学过程的价值和学习效果的评价，客观合理的评价是对学生的鼓励和指导。

3. 设计自组织学习过程

根据上述分析，开放式网络课程自组织学习系统的演化过程为：开始演化→触发波动→触发突变→触发过度→收敛与分叉。与之相对应的学习者的自组织学习过程是：自我设定目标→自发学习→提出问题→互动讨论→构建社区→合作与竞争→形成新思路→生成新秩序→自我评价→相互评价→总结反馈。

4. 发挥在线开放课程功能

在自组织学习过程中，网络开放平台支持：（1）开放学习平台，吸引和聚集了大量的学习者；（2）微信视频、课件、案例和丰富的学习资源，并推动个人资源；（3）形成公开讨论，让学员互相帮助，竞争与合作空间；（4）黑按需调用所有在线协作工具，如 Wiki、白墙；（5）大力支持学习的服务，如自学系统、教师解答；（6）自动反馈系统，自动评估和反馈学生的考试和作业。

5. 模式的表征

该模型以自组织理论和学习动机理论为指导，以学习者为中心，运用 ARCS 策略，充分发挥在线开放课程平台的功能，构建了"开放进化"（自我设定目标和自发学习）→"触发波动"（提问和互动讨论）→"引发突变"（构建社区、协作和竞争）→"触发过渡"（形成新观念、生成新秩序）→"收敛与分叉"（自我评价、相互评价，总结反馈）的自组织学习过程。

四、在线开放课程的自组织学习模式应用与效果评价

(一) 模式的应用

1. 行动研究的设计

为了完善基于 ARCS 的在线开放课程自组织学习模式实施的操作方法与推动自组织学习的有效机制，本节采用行动研究方法，选取中国大学 MOOC 平台"教学设计原理与方法"课程的两个模块开展实践应用，具体的行动研究计划见表 5-1。

表 5-1　两轮行动研究计划

课程模块	研究专题	研究计划
数字教学资源设计	微课的设计、在线开放课程的设计	第一轮行动研究
智慧课堂教学设计	优课的设计、翻转课堂的设计	第二轮行动研究

2. 行动研究的实施

(1) 第一轮行动研究

课程团队根据 ARCS 开放网络课程的自组织学习模式设计并实施教学。在第一轮教学实践后，通过对平台数据的分析，发现该模型的应用具有明显的学习效果。但也暴露出一些问题：①学习者可以积极参与教师发起的讨论，也可以提出自己的问题，但问题相对较浅；②学习者开展同伴沟通和自组织解决问题的意识较弱；③学习者的自我规划和自我调节能力较差。例如，有些学习者没有及时提交作业或参与互评。出现以上问题的原因是教师的引导和支持以及平台功能的局限性。

(2) 第二轮行动研究

针对第一轮中存在的问题，在第二轮中细化了模型的具体操作，强调 ARCS 的应用，加强自组织学习的支持服务。通过一定的教学实践和平台的学习记录，发现学习者提出的问题较前一轮变得深刻，学习者对学习的自我规划和自我调节

能力得到了提高，这都表明模型中某些策略的细化和教师的支持服务产生了效果。

3. 操作方法与推动机制

通过两轮行动研究，改进了基于 ARCS 的自组织学习模式在课程实践中的应用，形成了促进自组织学习的具体操作方法和有效机制。

（1）模式实施的操作方法

①充分利用平台，开设课程。课程团队在课程开始前应该对网上开放课程有一个详细的了解；同时，在了解课程性质的基础上定义课程目标，要提前规划资源呈现方式与学习活动的开展形式，从而为自己的组织模式的实施提供平台和环境支持。

②分析学习者的特点并激励他们。ARCS 可以根据学习者的特点，通过外部设计和支持，灵活运用，从而形成激发和维持学习者的内部学习动机。

③明确自组织的演化过程，促进学习者的自组织学习。课程教师、助教和学习者等个体系统应开放到足以根据自组织的演化过程提升每个系统的组织层次，为自身结构复杂性的进一步增长开辟新的路径，进而促进学习者自组织学习能力的提高。

（2）推动自组织学习的有效机制

①在促进自组织形成方面。帮助具有共同学习动机、兴趣和目标的学习者形成学习共同体；在学习系统内创建不同的学习社区，相互帮助、相互交流，从而产生一种新的秩序，促进学习者完成智慧的共生过渡，随着社区的发展促进个体自组织的成长。

②在促进自组织学习过程方面。利用课程的平台功能，为学习提供支持服务，激发和保持学习者的学习动机；为学习者的合作和竞争提供适当的指导，增强学习信心；帮助学习者自主找到学习路径，逐步培养学习者的自我规划、自我调节等自组织学习能力，从而促进自组织学习的进程得到有效推进。

（二）效果评价

本部分结合自组织学习模式的特点和开放网络课程"教学设计原则与方法"的课程目标，构建评价指标体系。在课程结束后，对学习者的自组织学习效果和项目实践能力进行评价，以测试其应用效果。

该模式的核心价值在于激发和保持学习者的学习动机，提高学习者的自组织能力，促进学习者积极参与在线学习，实现课程目标。因此，本节通过理论分析，结合网络开放课程的学习实践经验，建立了自组织学习效果的评价指标，如图5-3所示。

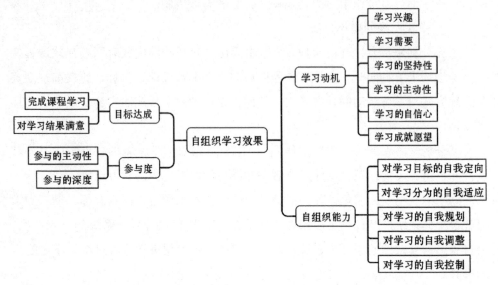

图5-3 自组织学习效果评价指标

本节根据上述评价指标编制相应的量表，并利用SPSS20.0对其进行信效度分析，结果（表5-2）显示，完整量表的内部一致性系数为0.942（大于0.9），四个维度分量表的Cronbach's α系数为0.779—0.920，说明该量表具有较高的可信度。此外，KMO的检验值为0.888（大于0.7），说明适合进行因素分析，分析结果表明该量表具有良好的结构效度。

表5-2 总量表及各维度Cronbach's α系数

统计量	总量表	学习动机	自组织能力	参与度	目标达成
Cronbach's α	0.942	0.920	0.779	0.870	0.845

第二节　基于在线开放课程的私播课教学

一、研究背景与问题提出

近年来，开放网络课程迅速兴起，对原有的教学实践体系产生了巨大的冲击，为高等教育注入了新的生机与活力，但与此同时也存在退学率高、学习质量低等普遍问题。SPOC，即小型受限网络课程，已成为 MOOC 时代一种新的课程建设和应用模式。高校 SPOC 课程的建设与应用，不仅在外部提升了高校的品牌效应，而且在内部推动了高校的教学改革。与此同时，混合式教学的形式不仅有利于优质教学资源的共享，还可以为特定群体提供资源或在线评价，以此辅助小规模课堂教学，使线下课堂更具活力和灵活性，从而提高教学质量。混合式学习正在成为高校课程建设和应用的新热点。在此基础上，以课程与教学基本原则和教学体系设计理论为指导，构建基于 SPOC 的混合式课程教学模式，以期为我国高校的教学改革与创新实践提供有效的借鉴。

二、基于在线开放课程的私播课教学理论基础

现如今，互联网已经从单纯的技术手段转变为深刻的思维方式，基于互联网的教学模式也有了新的内涵和特点。因此，高校应该反思教学，运用互联网思维，积极探索新的教学模式，如基于 MOOC 的混合学习模式、翻转课堂与 MOOC 相结合的 MF 教学模式，以及基于 ARCS 的在线开放课程自组织学习模式。本节通过对网络教学模式的研究，结合互联网这一创新元素，提出"互联网+"教学模式再造过程，为基于开放网络课程的民办课程教学提供理论依据，如图 5-4 所示。

互联网的去中心化减少了信息的不对称，成为思维改革的手段和工具，同时促进教学路径由封闭走向开放，教学形式由线下走向线上。当然，"互联网+"教学模式也突出了学习的泛在性、社会化和个性化的特点。所以，基于互联网思维的教学模式应体现以下特点：

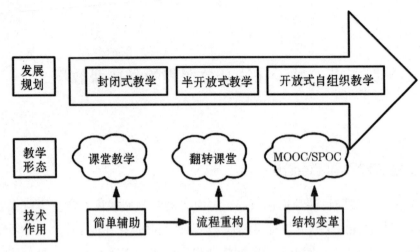

图 5-4 "互联网+"教学模式再造流程

（1）将互联网作为基础设施和创新元素融入教学体系。互联网既是教学的基础设施和保障，又是教学的创新要素，将其纳入教学的各个环节，进行重组和优化，从而实现教学创新。

（2）强调以学生为中心的教学理念。网络思维教学应该以学生的特点、能力和需求为教学活动的出发点和落脚点。

（3）利用信息技术促进教学过程再造。针对传统的不合理的教学过程，利用互联网进行重组和重建。

（4）基于大数据的学习分析与评估。通过对学习者日常学习行为数据的深入挖掘和综合分析，进行科学、准确、个性化的分析和评价。

（5）实现学生全面、个性化的发展。网络思维教学尊重学生的人格差异，追求学生知识、修养、品德的全面发展。

三、基于在线开放课程的私播课教学模式构建

本部分通过文献研究，初步提出了基于 SPOC 的混合式教学模式，然后运用基于设计的研究方法，以《教学设计原则与方法》教学为例，应用该模型进行教学实践和改进，最后用评价方法对模型的效果进行了检验。

（一）雏形构建

通过文献研究与理论探讨，本节结合 SPOC 的小规模、限制性等特征，初步

总结出基于 SPOC 的混合式教学模式。

SPOC 主要针对两种类型的学习者，即正式学生和旁听学生。被选入正式的学生应确保学习时间和强度，不合格的学生注册为在线课程的旁听员。

在线上，学生自主观看视频，学习课程资料，参与在线讨论，独立完成作业。正式的学生可以参加考试，但旁听学生不能。在线下，正式的学生可以通过教师组织的延伸学习和小组讨论活动来解决线上的疑难问题，而旁听学生则不能得到面对面的指导。在课程结束时，通过课程的正式学生将被授予证书，但旁听学生将不被授予任何证书。

（二）应用实践

1. 研究设计

上述的混合教学模式是基于 SPOC 而来的，本部分采用基于设计的研究方法，选择 SPOC 课程教学的教学原则和方法。笔者以设计蕴藏平台的中国大学为例，进行教学实践，从而优化和改善教学模式。将申请加入 SPOC 项目的学生分为两类：外部学生和内部学生。校外学生是来自全国各地的本科生、研究生和教师，在校学生均为 2016 年华南师范大学现代教育技术专业的研究生。

2. 第一轮教学实践

第一轮研究根据进行教学实践。完成后，通过对平台数据的分析，发现该模式的应用具有明显的学习效果。但是也发现了以下一些问题：（1）学习者的项目实践成绩不高，各种方案设计过于简单；（2）各类问题汇总、及时整理、分类答疑服务的意识缺乏；（3）学习者提出的问题缺乏针对性，相互评价和讨论的积极性不高。

3. 第二轮教学实践

第二轮教学实践针对第一轮教学实践中存在的问题，更新了教学过程，提出了以下解决方案：（1）针对项目实践问题，在校学生通过"提前设计—个性化指导—迭代改进—展示汇报"的过程进行多次实践，掌握设计的方法；校外学生则是通过"预先设计—互动交流—相互评价"的过程进行总结和反思，通过学习他人的实践经验，提高项目的实践能力。（2）对于答疑服务问题，在校学生更多的是借助线下教师展开讲解、组织讨论、评论互动等活动解决疑难问题；校外学生则可以通过在线问答和现场直播等方式解决问题。（3）针对互动热情问题，教师应加强线上线下支持服务，突出对学生的关注和关心，从心理上消除学生的"孤独感"。

（三）模式完善

通过两轮教学实践迭代，本节对基于 SPOC 的混合式教学模式加以完善，直接体现线上线下学习活动、学习支持服务以及课程特色。

基于 SPOC 的混合式教学模式表现出以下特色：

（1）该模式以 SPOC 为基础开展教学活动，强调个性化教与学，实现学习者、教师、教学内容之间的深度互动，具有较强的科学性。

（2）该模式整合了开放平台的功效和功能，改变了教学活动的流程，创造了"线上+线下"混合教学模式，在课外课堂中实施了时空混合，实现了线上线下学习支持服务的混合，具有很强的针对性。

（3）该模式突出了课程本身的特点，强调项目学习，注重实践能力的培养，具有较强的实践性。

四、在线开放课程的私播课教学模式应用与效果评价

本节从学习者的课程学习效果和项目实践能力两个方面进行评价，以检验模式的实践效果。

（一）课程学习效果

在课程结束后，本节从平台记录中抽取 45 名学习者的数据，对其总成绩进行描述统计，结果如表 5-3 所示。数据显示，学习者总成绩最高分为 94.14，平均值为 86.13，说明学习者的课程学习效果较好。

表 5-3　课程学习总成绩的描述统计量

	N	极小值	极大值	均值	标准差
课程学习总成绩	45	75.62	94.14	86.13	5.11
有效的 N（列表状态）	45	—	—	—	—

（二）学习者的项目实践能力

本节从平台记录的数据中筛选出两次项目实践均完成的学习者，采用项目实践相应的评价标准，对两次项目实践作品进行评价，并对学习者的两次项目实践成绩进行检验。由数据可知，差异显著概率 $p=0.036<0.05$，说明两次项目实践的成绩差异显著。两次项目实践的平均分值差为 -3.00876，说明项目实践二的平均分比项目实践一高。由此可见，学习者的项目实践能力有所提高，验证了基于 SPOC 的混合式教学模式的有效性。

总之，本部分采用基于 SPOC 的混合式教学模式进行课程教学。实践证明，该模式能有效提高课程学习效果和学习者的项目实践能力。

本部分以课程与教学的基本原理和教学体系设计理论为指导，通过研究教学模式，结合互联网的相关元素，提出"互联网+"的教学模式再造过程。采用文献研究法、设计研究法、评价研究法等方法，同时以《教学设计原则与方法》的 SPOC 课程教学为案例进行实践，使课程得到逐步的修正和完善，最终形成了以 SPOC 的混合型课程为基础的教学模式。根据研究结果可以看出，采用本部分开发的教学模式，以 SPOC 为基础的混合式课程教学能够有效提高课程学习效果和学习者的项目实践能力。

第三节　基于在线开放课程的翻转课堂教学

一、研究背景与问题提出

伴随着"互联网+"时代的到来，大数据、云计算、移动互联网等技术日益成熟，并在教育当中进行了深层次的融入，这也推动了教育理念、教学结构、教学方法和教学管理体制的改革，并为教育带来前所未有的机遇。MOOC 作为互联网与教育深度融合的代表产品，具有大规模、免费、开放、在线共享等特点，并且在短时间内席卷全球，大力推动了在线教育教学模式的创新，同时推动了高校教育教学改革。与此同时，翻转课堂颠覆了传统的"知识传授"和"知识内化"阶段，体现了"以学生为中心"的教育理念，为高校教育改革提供了新的思路和方向。

积极响应全球 MOOC 发展的新趋势，高等教育教学改革发展面临新的机遇和挑战，教育部于 2015 年 4 月发布了《教育部关于加强高校网络课程建设的申请和管理意见》，提出了"促进网络开放课程的广泛应用，鼓励高校结合学校人才培养的目标和要求，通过网络学习，利用网络开放课程和网络学习与课堂教学相结合"的要求。其目的是进一步探索如何结合 MOOC 和翻转课堂的概念构建和应用 MF 教学模式，这具有重要的理论价值和实践意义。

二、MF 教学模式的理念

MF 教学模式就是翻转课堂模式，它是以开放网络课程为基础的。这种模式把 MOOC 的开放共享特点和翻转课堂"先学后教，学决定教"的特点相融合，使 MOOC 与翻转课堂相互依存、协同互补，从而促进教学。

（一）MOOC 的特征及其对高等教育的影响

MOOC 是一种对社会成员免费开放的在线课程。它的主要特点如下：

（1）平台涵盖了课程资源、互动、评价等因素，为学习者提供了高度互动性的学习对象和学习体验；

（2）MOOC 资源以高质量视频为核心，具有碎片化、互动性（嵌入测试反馈、互动讨论等）和形式多样（如课堂录制、演播室录制、现场拍摄、访谈、动画、屏幕录制等）的特点；

（3）MOOC 创造了一种类似于正规学校教育的课程学习和管理模式，结合学习分析技术建立了有效的评价机制，为学生提供了课程证书甚至学分互认，促进网络教育与高等教育的融合。

它对高等教育的影响如下：

（1）转变教育思想观念。在传统教育思想观念中，享受优质的高等教育是高门槛、高成本的。MOOC 面向社会免费开放，增加了社会成员接受优质高等教育的机会和途径，实质上推动了优质高等教育资源的全球共享进程。

（2）重构教育生态体系。MOOC 面向学习者免费开放，创新了运营模式，为学习者提供个性化的服务，打破了传统高等教育的生态平衡，变革了高等教育中动力、资源、技术、评价、管理等要素及要素间的关系，促进了高等教育生态体系的重构。

（3）促进教学资源建设与改造。MOOC 与世界著名高校合作共建资源，启发高校以联盟方式共同建设优质资源，为学习者提供更优质的支持服务；同时，MOOC 促使高校在线课程从单纯的资源建设向教育教学改革发展，重新设计了学习环境、学习资源和课程管理模式。

（4）变革教与学模式。MOOC 有力推动了在线教育的发展，也倒逼了高校教育教学改革，积极探索混合学习、翻转课堂、协作学习、研究性学习等教学模式，全面提高教育教学质量。

（5）创新高等教育体制机制。MOOC 的兴起促使高校承担在线开放课程建设、应用与管理的主体责任，建立在线开放课程教学与学习的管理、激励和评价机制，探索在线学习认证和学分认定机制，并形成课程质量保障体系。

（二）翻转课堂的特征及其对高等教育的影响

翻转课堂改变课堂在学习过程中的"传授知识"和"习得知识"两个相反的阶段，学生在课堂上通过观看教学视频来完成知识的传授，通过课堂上不同的教学形式来完成视觉知识的传授。它的主要特点是：课堂用相反的结构进行教学，以有效地优化认知为纽带；必要的环境教学和资源；教师与学生的互动增加，改变教学方法，鼓励传统的教师教导学生个性化地学。翻转课堂对高等教育有以下影响：

（1）变革教学的概念。从鼓励教师改变其传统的在课堂上"以教师为中心"的教学理念，反映出"首先学习，然后学习提升"，使教师的教学更加有针对性和个性化。

（2）创新教学模式。传统的教学只集中在知识教学上，翻转课堂进入大学后，鼓励教师改变教学模式，在组织互动学习和课堂调查方面投入教学的重点和时间，并促进学生的相互内化。

（3）提高培训质量。翻转课堂实现逆向创新的教学过程，其实践的本质是帮助学生实现深度学习，注重解决问题，培养高水平的思维能力，提高创新开发的质量。

（三） MF 教学模式的理念

本节基于上述的分析研究，从课程与教学论的角度出发，结合我国高等学校的实际情况，提出构建 MF 教学模式。该教学模式的主要理念有以下几点：

（1）把 MOOC 的想法和改变课堂结合起来。这一模式吸收了 MOOC 的先进概念和课程的变化，指导了大学教学的改革，反映了互联网时代对课程和教学的新需求。

（2）应用、改进和创造质量资源。该模式以 MOOC 的精髓为基础，通过直接应用 MOOC，利用 MOOC 的理念改变在线课程，创造出三种方式的优质学习资源，为实施课程变革提供优质资源和服务保障。

（3）创新大学的教学模式。该模式利用交互式多媒体教育平台和高质量视频，鼓励学生学习兴趣，支持学生在课前进行视频学习，并通过课堂教学活动，促进知识的吸收，改变和更新大学的教学模式。

（4）有效地实现人才培养的目标。该模式符合"21 世纪技能"对大学生的创造性和创新性、批判性思维和解决问题的能力、信息技能、主动性和自我管理能力的培养，能够在新世纪提高高校人才培养的质量效益。

三、MF 教学模式的构建与实施路径

（一） MF 教学模式的构建

1. MF 模式构建的理论基础

在本节的现代学习指导下，通过解释理论建立 MF 教学模式。后现代教师对过去教学目标、内容、过程、评估和学生之间关系的结构观点，促进了学生的品格、创造力和判断的精神目的；强调教材的丰富、回归、关系和内容；促进教学过程的构造、复杂性和动量；对差异、多样性的评价；促进教师和学生之间关系的平等和沟通。

因此，MF 教学模式应反映以下特点：第一，注重学生的个人发展。在教学中尊重学生的个体差异，充分发挥学生的作用。第二，注重教育的开放性和多样性。利用平台创造一个开放的教学环境，与各种知识相联系，重塑学习内容；利

用多样性来促进知识的获取和意义的建立；用不同的方法来衡量学习。第三，促进了老师和学生之间的对话。在平台的支持下，设计在线学习活动和课堂交流，促进师生、学生之间的平等对话，并通过反思和组织丰富课程。

2. MF教学模式的提出

在后现代教育理论的指导下，提出了MF教学模式，如图5-5所示。这一模式与MOOC相结合，改变了课堂观念，以培养人才为目标，作为起点，包括教师准备教学、在课前传播知识、在课堂上进行知识内化和课后拓展知识四部分。

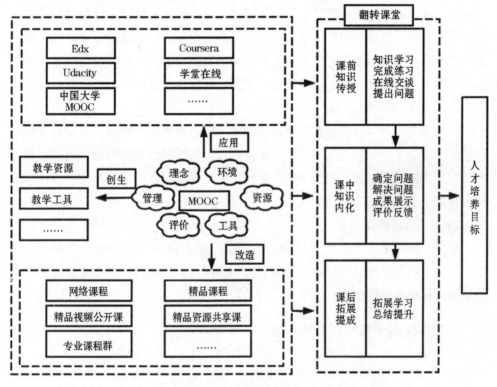

图5-5　融合MOOC与翻转课堂的MF教学模式

3. MF教学模式的主要环节

（1）教师教学准备

在教学开始之前，教师应该对教学概念、教学环境、教学资源、教学工具、教学评价、管理方式以及设计和发展教学的其他特征进行核化。

①选择并应用国外MOOC平台和国内MOOC平台的顶尖高校，教师直接选

择与课程相关的资源，可以节约资源的生产和采购成本，保证课前知识的传递质量，并投入大量时间设计教学活动，注重学生的积极性。

②改造现有的在线课程。随着教育部、财政部"学校本科教学质量和教学改革工程"的推进，在大学的课程中，精品开放课程、专业课程和其他资源的不断增加，教师需求观念的转变，转变课程升级，有效促进应用程序和资源共享。

③创造新的学习资源。对于缺乏的资源，可以鼓励教师在学校内部或学校之间建立团队，共同创新和整合创新，创造新的资源和教学工具。

（2）课前知识传授

学生通过观看教学视频自主学习。通过引导在练习的过程中进行知识的强化和检测。如果有困难和困惑，学生可以不断学习视频，使用教学工具或网络资源来扩展思维，也可以在讨论区发表未解决的问题，与老师、学生进行交流。教师通过基础学习数据对学生学习情况进行诊断，调整教学设计。

（3）课中知识内化

在课堂上，教师首先根据教学内容和学生学习前提出的疑问，总结有意义的问题，引导学生使用自动调查方法、团队合作、实践项目解决问题，通过结果展示进行交流和分享，完成内部知识；然后使用评估过程、评估结束和许多评估方法来评估学生的学习和反馈。

（4）课后拓展提升

课后，教学平台为学生提供额外的资源、知识管理工具和冥想工具进行评估。学生反思自己的学习环境，加深对知识的理解和建设，利用在线课程资源促进学习，促进知识的传播。

（二）MF 教学模式的实施路径

1. 创建功能强大的在线教学平台

功能强大的在线教学平台能为师生创设开放共享的学习环境，兼具知识共享、实时交流、深度互动、测验反馈、学习分析等功能，从而为有效提高教学质量提供保障性服务。进行在线教学可以利用学校已有的在线教学平台；或借鉴MOOC 理念，利用 Atutor、Claroline、Moddle 及 Sakai 等开源教学平台进行二次开发；也可根据需要运用大数据、云计算、移动互联等技术进行自主开发。

2. 对教学资源进行 MOOC 化的改造

MF 教学模式对教学资源是否满足教学需要提出了更高的要求，其中微视频和测试题是最为重要的两类资源。教师可根据教学目标和教学内容，将知识点颗粒化，设计课程微视频。若 MOOC 课程或其他资源平台中有与教学目标相契合的资源，教师可直接引用；否则，可借鉴 MOOC 理念对已有资源进行改造，创生新的教学资源。

3. 开展翻转课堂的教学设计

（1）教学目标的设计

教学目标的设计可以分为预设性目标的设计和生成性目标的设计。后现代教学理论主张开放、多样化，学生在课堂学习过程中不断变化，结果是动态的，因此，在设计教学目标时，应注重教学目标的生成性目标，具有教学目标的灵活性，使教学目标不再僵化、固定。

（2）教学策略的设计

教师可根据实际教学需要综合设计多种教学策略，并依据教学反馈适时调整。例如，为更好促进学生的知识学习，可采用支架式策略、分层教学策略等；为提升学生的综合实践能力，可采用基于问题的学习、项目式教学策略等。此外，还可设计更具特色的教学策略，如及时评价策略、课内翻转策略、角色翻转策略等。

（3）教学评价的设计

为保障 MF 教学模式的高效运行，必须建立多元评价机制，弱化考试权重，重视学习过程评价（如课程平台的参与度、交流互动的积极性、项目实践的成果等），关注学生的学习效果和能力发展，进而激发学生潜力。例如，教师可以使用自动评估系统和小组审查，在微视频中嵌入测试或发表单独提出的问题。

四、MF 教学模式的典型应用与效果评价

为进一步验证 MF 教学模式的适应性和有效性，本节选择了公共类"应用现代教育技术"、专业基础课程"教育技术研究方法"，并将重点培养专业人才的核心能力"专业技术教育专业课程"进行教学实践，形成了"MF public university 基于手机连接设备的教学模式""基于个人学习空间的 MF professional

教学模式""基于小组实践课程的 MF professional 教学模式"三个典型应用模式。

（一）基于移动终端的高校公共课 MF 教学模式

大学公共课的数量是很大的，不同的学生对学习的要求也不同；课堂教学仅限于传授知识，很难满足学生的个人需要。对于公共课堂的问题，本节依赖"应用现代教育技术"课程，使用 MF 模型开发基于移动终端的教学实践。

1. 教学应用模式与实施路径

"现代技术教育应用"是一门大学必修的公共课程，是现代技术教育与思想教育相结合的产物，反映了信息时代教育创新的趋势，在中学和小学教育前培养技术教育应用技能。本课程创建了一个微公众平台，开发了微信息教学工具，积累了大量的教学案例。这一部分通过教学实践，形成了一个基于移动终端的 MF 大学公共教学模式，如图 5-6 所示。

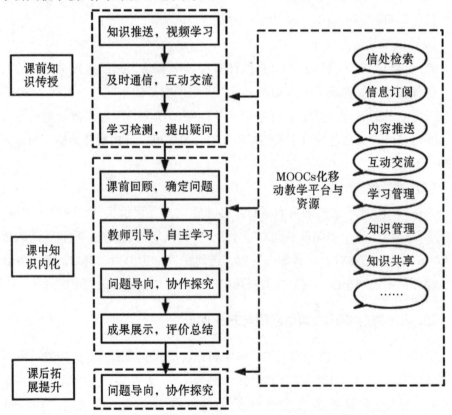

图 5-6　基于移动终端的高校公共课 MF 教学模式

首先，基于 MOOC 平台的功能模型，通过使用微信、手机浏览器、QQ、印象笔记等不同终端应用程序，提供搜索、注册信息、推内容、互动沟通、学习管理、知识管理和知识共享所需的信息。然后，通过将 MOOC 与翻转课堂思想相结合，编写教学设计，开发视频资源和互动练习来分析教学内容。最后进行教学。在上课前，教师使用微信公共平台提交任务和知识，学生进行移动学习，学生和老师使用微信和 QQ 等工具进行适当的互动，完成练习测试，以总结学习结果和问题；在课堂上，教师通过合作的研究来引导学生，通过熟练的操作培训来解决学前问题，并通过展示学生在课堂和教学阶段的学习成果来进行评估总结；下课后，学生根据自己的需要扩大学习，加强和提高。

2. 主要特色

MF 教学模式将教师的教学模式从教育家实施到资源提供者、指导和服务提供者，为学生提供高效、个性化的指导，满足学生的个人学习需求，有效解决课堂教学的实际问题，并具有以下特点：第一，突破时间和空间的限制。在 MOOC 的指导下，教师结合移动终端来提供丰富的、零散的学习资源，使学习环境更开放，课程内容更丰富，并有效地支持学生一般学习与资源分享。第二，加强老师和学生之间的互动。学生可以在课堂上与老师和同学进行深入的互动；在课堂之外，他们可以使用各种社交软件来促进有效的沟通。

（二）基于个人学习空间的专业基础课 MF 教学模式

根据专业培训和教学实践改革的需要，积极推进教育，推进"人人学习网络空间信息信号工程"，推动创新应用开放在线课程。本节是基于"教育技术研究方法"的良好资源共享课堂，利用 MF 模式开发基于个人学习空间的教学创新和实践。

1. 教学应用模式与实施路径

"教育技术研究方法"是三门主要的技术教育专业课程之一，专为大学生设计研究教育工程教育理论和基本方法，培养学生的科学研究能力。目前，该课程已建成数量齐全、质量良好的视频课程、教学、案例教学等资源。这一部分在教学实践中形成了一个基于个人学习空间的专业 MF 基础教学模型，如图 5-7 所示。

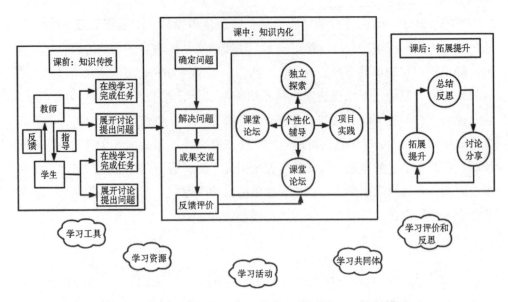

图5-7　基于个人学习空间的专业基础课 MF 教学模式

首先，教师们用 MOOC 的理念建立了一个私人学习空间，为学生提供一个学习和交流的平台。个人学习空间具有 MOOC 平台的典型功能：（1）提供"区域资源共享""学习讨论""通知表"等模块，帮助组织网上学习活动，促进资源共享；（2）提供多种学习工具（如论坛、日记、收藏、短信、实时聊天等），帮助学生获取知识、管理知识、即时交流互动；（3）创建团队功能，创建学习社区，合作对话，完成构建知识；（4）提供评价和反思功能，客观问题可以立即得到评价反馈，主观问题可以发展相互评价小组，也可以利用日记功能进行总结和反思。

学生们进行学习讨论和基于任务的在线互动，并提出问题。在课堂上，教师根据学生的学习反馈来确定教学问题，组织学生运用调查、实践项目等方法进行研究设计方案，并利用个人学习空间的学习模块进行实践和认知结果的发布。课后，学生在个人学习空间中总结反思，分享讨论。在整个教学过程中，学生可以通过个人学习空间获得学习资源，实现多维互动，并通过个人学习空间加强课后知识。

2. 实施效果

在课程结束后，教师结合学生日常考察（在线学习+课堂学习，占30%）、项目实践评定［包括研究选题与方案制订、研究方法的应用、研究论文（报告）

的撰写，占 40%〕和期末考试评定（占 30%）三种形式对学生进行综合评价。其中，学生实践项目达到 87.25%、86.00% 和 86.63%，反映了学生学习实践能力的显著提高。总的来说，该模型有效地激发了学生对教育技术研究方法的兴趣，提高了学生对研究方法的基本知识的掌握，提高了学生应用教育技术研究方法的能力和科学研究能力。

（三）基于课程群的专业综合实践 MF 教学模式

当前，大学生普遍存在创新与实践能力缺失的问题。建立专业课程微信群共享专业教学资源与视频，划分专业领域，提升学生的专业知识。可有效打破专业课程壁垒，促进专业综合改革，提升学生的专业综合实践能力。本节依托"教育技术学专业精品课程群"，采用 MF 教学模式探索教育技术学专业综合改革与人才培养的创新模式。

1. 教学应用模式与实施路径

选择技术和教育技术的研讨会合并了工程专业的 10 个主要学科，实现了综合实践，并以课程理论为基础，鼓励高质量的教育技术技能发展。已经建立了一个更完整的课程组系统。在课程组系统的支持下，本节使用 MF 教学模式有效地将课程资源、课程学习与基于课程组的专业综合实践和在线课程工具结合起来，形成基于课程组的 MF 教学模式。

首先，MOOC 与课程小组的教师组合在每一门课程之间设置了障碍，并创建了专业的综合实践资源，以更好地适应学生的自学。其次，在完成相关课程的学习后，学生开始综合实践，重点是发展核心专业技能。在整个专业综合实践过程中，课程小组系统为学生提供课程资源、专业综合实践资源、专业资源和各种在线学习工具，这些工具支持学生、知识建设和价值生产之间的互动交流。

2. 效果与特色

学生完成项目实践后，教师评估学生在课堂系统中的行为数据和学生的综合实践工作。数据显示，用当前可用的工具 MOOC 资源增强了自我和协作学习能力。学生在思想、内容、过程、方法和技术的四个领域评价的综合锻炼结果，平均百分比高于 85%。这种模式的应用实际上改变了学生的学习方式，并有效地提高学生的综合实践能力。

基于小组实践的专业 MF 教学模式有以下特点：（1）促进课程间的结合。通过优化课程间的结合，一方面，保持单一课程的独立性；另一方面，以小组课程的观点突出课程与课程之间的关系，有效地促进课程之间的结合，为培养学生的核心能力提供良好的环境和资源。（2）支持创造教学资源。以专业的团队实践课程为基础，学生在实践过程中收集资料，讨论并形成作业开放平台共享，形成多样化的知识资源，丰富学习内容。（3）培训模式。通过 MOOC 与变革课堂理念的结合进行教学，有效推动变革教学方法、改革课程管理方式、创新人才培养模式。

本节在分析 MOOC 与翻转课堂的特征及其对高等教育影响的基础上，吸纳二者对高校人才培养的积极作用，提出了 MF 教学模式的理念，开展 MF 教学模式的构建，并分析了该模式的实施路径。接着，结合国内高校的实际情况，选择典型个案开展教学实践，形成基于移动终端的高校公共课 MF 教学模式、基于个人学习空间的专业基础课 MF 教学模式和基于课程群的专业实践 MF 教学模式三种应用模式，对促进我国高校教育改革、创新人才培养模式具有积极意义。

第四节　基于在线开放课程的混合式教学

一、研究背景与问题提出

随着高校教学质量工程建设的深入发展，不同省市的高校采用了一个教学管理平台，并在该平台上开设了一系列网络课程，推动了素质课程建设，推动了人才培养模式的创新。

网络课程是指通过网络学习的内容，进行网络教学和学习活动，它不是一个简单的电子教科书、电子作业、PowerPoint 资源。网络课程的设计和开发需要以先进的教学理念为指导，必须以促进学生学习方式和知识的转变为基础。设计和开发网络课程，支持一个强大的平台，能够充分开发网络的功能和优势。认真构建网络课程的教学设计，创造和利用多种形式的学习和教学资源，设计教学的科学策略和评价，有效支持学生的学习、学习研究和合作学习。但初步调查显示，有些学校虽然使用了一些网络教学平台，但不能发挥平台的作用，特别是在网络平台上开设了一些网络课程，但网络资源不多、质量低、缺少应用程序或使用不当。需要通过深入调研，发现一批在网络课程建设和应用方面已经取得成功经验的优秀课程，开展校际交流，总结各高校网络课程建设与应用和组织管理的经验，通过典型带动，推进网络课程的建设和有效应用，有针对性地逐步解决上述问题。

"互联网+"时代的发展呼唤着变革传统课堂教学，利用在线开放课程可大大提高学习主动性和自由性，但只依靠在线学习又存在不利于教学管理等问题。

为此，在广东省高等学校教育技术中心的主持下，本书联合 Z 大学、J 大学、G 大学、S 学院和 H 大学等单位开展了相关课题研究，旨在通过了解基于网络在线教学平台的课程建设与应用的基本情况，发现一批在网络课程建设和应用方面已经取得成功经验的课程和教师。通过研究教师对网络课程建设与应用的认知和行动，分析学生的网络行为，达到如下目标：（1）总结网络课堂建设的成功经验；（2）寻找网络课程的有效应用模式；（3）发现学生学习活动的特点和规律；（4）组织管理经验的建立与应用及问题；（5）通过典型的驱动，推广网络课程的有效应用，解决问题。

二、基于在线开放课程的混合式教学模式构建

（一）研究过程

1. 获取资料

根据广东高校的实际情况，笔者针对本科与高职网络课程建设与应用展开调研。研究内容主要分为两部分：一是调查基本情况，设计《广东省高校网络课程建设与应用基础问卷》和《基于在线教学平台的网络课程建设与应用问

卷》；二是根据两表资料，重点关注学校和教师的教学活动，收集资料进行质量研究。

质量研究资料的收集包括实地观察、深度访谈、焦点团体访谈、个案分析和教育叙事分析等。笔者对5所高校在实地考察学习过程中，与27位老师进行了深入访谈，共收到近15万份访谈记录；在5所大学进行了实地考察，访问了中心小组，并收集了28个教学案例。这些案例包括教育设计、PowerPoint演示文稿、在线课程网站和教师的教育故事。在有大量质量研究文献的基础上，采用数据理论分析方法，对资料进行分析，形成研究观点。

2. 扎根分析

当我们分析信息时，我们用扎根理论来分析。扎根理论方法的核心思想是：从数据中产生理论，认为只有通过对信息的深入分析，才能逐步形成理论框架和理解；保持对理论的高度敏感性，因为理论研究方法的主要目的是建立理论，所以，研究者应高度关注相关理论，并保持深刻的理解；采用连续比较的方法，以理论为基础进行比较，主要是通过信息与数据之间的连续对比，理论与理论之间的关系，以信息与理论之间的关系为基础，提取相关类型及其性质；抽样理论，在资料收集和分析过程中，研究人员必须不断检验，检测后的初步假设理论，理论数据能够帮助研究人员学习理论逐步淘汰弱者，这将在理论上是一个信息直接关系理论。正如从上面的主要思想中所看到的，扎根理论方法是建立理论的方法，寻找反映基于系统信息收集的社会现象的核心概念，然后通过建立它们之间的联系来形成理论。它需要一个三级信息编码——一个开放的编码、一个主轴和一个核心代码。我们已经建立了一个基于这些部分的三级编码和实际分析过程模型，如图5-8所示。

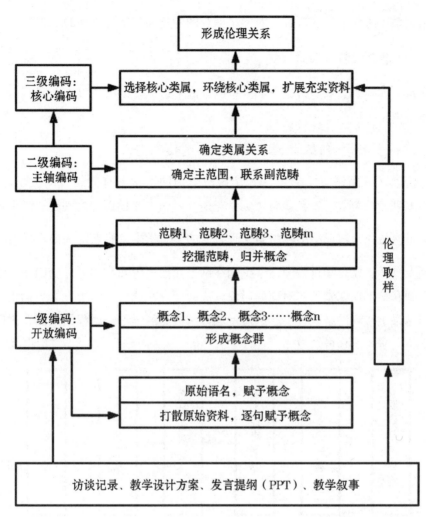

图 5-8　质性资料扎根分析过程模型

（二）研究方法

网络课程是指通过网络学习内容，开展网络教育和学习活动；建立和应用网络课程必须以促进学生学习方式和知识的转变为基础。网络课程的设计与开发包括多种学习资源，适合学习者的特点，如自主学习、教学指导、解决学习问题、学习课题研究、合作学习和组织策略活动，以及多种形式的学习策略评估等。这一切都与教师的教学理念、学生的学习态度和学习方法有关。研究网络课程的构建和应用，不仅是一般的统计，还需要从教师和学生的素质研究的角度进一步理解理论关系和认知水平的过程，对网络课程的构建和应用有更深的了解。

（三）混合式教学模式

在对收集到的数据进行研究和分析的基础上，笔者得出了以下几种混合式教学的典型模式。

1. "课堂教学+网络自主学习"混合式教学模式

"课堂教学+网络自主学习"是传统教学与网上学习有效结合的教学方法，如图5-9所示。例如，Z大学的"大学英语"超过一半的课程时间是让学生使用自动学习网络，学习成绩中网络是课程总分的$\frac{1}{3}$。学生按照老师的要求学习，然后在网上自学。在自学过程中，学生们在网上交流思想和难题，总结问题，然后通过老师和学生在课堂上面对面的讨论解决问题。在这个过程中，学生们把他们的学习结果上传到网络课程中，以展示和评估彼此的学习。课程结束后，老师在网上定下一阶段的任务。

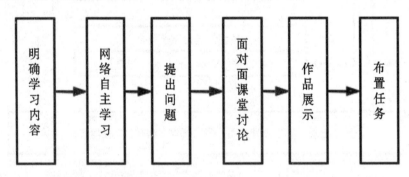

图5-9 "课堂教学+网络自主学习"混合式教学模式

2. "课堂教学+网络协作学习"混合式教学模式

"课堂教学+网络协作学习"是传统教学与网络合作学习有效结合的教学方法，如图5-10所示。例如，Z大学的"现代学习技术"课程，老师在课堂上教学生，并根据课程内容配合学习；然后利用网络学习平台进行分组，每组选择一个合作学习主题，按照主题分组；然后，小组在互联网上搜索信息，完成他们的任务，并通过网络课程的交流平台进行交流，形成集体意见，共同努力；最后在课堂上使用了多种形式的小组作业介绍，老师和学生考核、总结，分享收获。

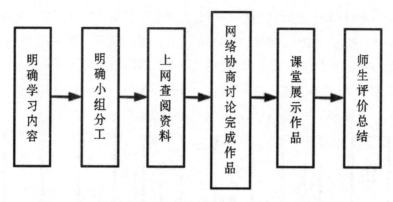

图 5-10　"课堂教学+网络协作学习" 混合式教学模式

3. "课堂教学+网络 TBL" 混合式教学模式

"课堂教学+网络 TBL" 混合教学模式是一种传统的课堂教学与 TBL 网络相结合的学习模式，如图 5-11 所示。S 学院的 "文秘职业英语" 在线课程反映了这种混合教学模式。教师首先利用网络课程中的 Flash 等多媒体资源创设情境，并利用网络学习平台提出学习任务，让学生完成学习任务的要求，并为学生提供适当的学习资源。任务提出后，学生自学完成学习任务，使用网络。然后，学习小组一起讨论如何计划完成任务，以及如何分配工作来完成学习任务。在这个过程中，学生们把他们的学习成果放到网上，互相介绍和学习。教师和学生评估学生群体的学习效果，完成整个学习任务。

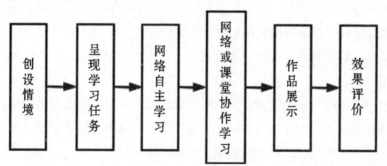

图 5-11　"课堂教学+网络 TBL" 混合式教学模式

4. "课堂教学+网络案例教学" 混合式教学模式

"课堂教学+网络案例教学" 混合教学模式是一种将案例与在线教学平台相结合的教学模式，如图 5-12 所示。G 大学 "法理学 U" 在线课程很好地展示了这个模式。教师利用在线教学平台介绍与课堂主题相关的案例视频，并进行深入分析，指导学生在课堂或在线课程中提出问题；提出问题，学生通过网络收集和获取相关信息，并在网络课程中讨论相关情况，形成系统方法；教师在模拟课堂上组织学生，学生通过扮演法官、原告、被告等角色，完成对知识迁移的深刻理解；最后，老师和学生一起评估，完成了知识的架构。

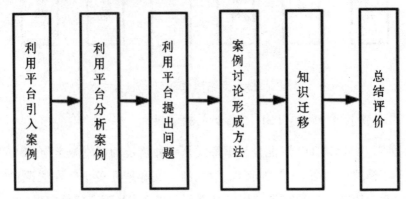

图5-12　"课堂教学+网络案例教学"混合式教学模式

三、基于在线开放课程的混合式教学实践启示

通过对上述成功案例的分析，笔者运用理论挖掘，发现了许多与网络课堂建设经验相关的领域。受访教师认为，对于网络课堂建设，高级教师是网络课程有效实施的基础。网络课程建设的许多领域都显示出以下经验具有学习的价值：注重教学设计，注意在课程中使用和整合丰富的资源，使用许多计算机软件作为学习工具，建立教师与教师直接互动的平台，设计多种学习评估方法，评估学生的学习效率。

通过对老师的采访和案例分析，笔者还发现了目前在线课堂上常见的一些问题：课程数量不多，专业范围不够广，需要改进；课程质量不理想，大量资源堆积，教学设计不能反映现代教育理念；课程的使用效率不高，课程成为摆设；使用不适当的学习方法，不能发挥"通过在线课程改变学生学习方式"的作用。

通过访谈，教师提出在学校层面解决上述问题，推动教育水平的建设和应用价值建议：学校建设和应用发展目标和规划；要注意教育老师，培养教育技术技能；应涉及项目申报、技术建设和评价标准；制定相关的鼓励和支持政策；处理好教育办公室、教育技术中心和教师之间的关系。这些经验和见解对发展高层次的网络课程、改进网络教学模式、更新教学理念、改进教学方法、提高教学效果具有积极意义。本节采用了质量研究的方法，通过理论分析，形成了一种基于开放在线课程的混合教学模式，对促进开放在线课程的建设和应用具有积极的指导意义和参考价值。

第五节 基于在线开放课程的协同学习

一、研究背景与问题提出

深入应用优质资源创新教学流程、重塑教学结构，是新时代教育信息化发展的重要抓手。教育部于2015年4月出台的《教育部关于加强高等学校在线开放课程建设应用与管理的意见》中明确指出要自主建设在线开放课程，同时注重应用共享。2018年1月发布的《教育部关于印发〈教育部2018年工作要点〉的通知》中也提出，要深入推进教育信息化，启动大教育资源共享计划。当下，在线教育资源如雨后春笋般上线运营，资源质量也不断提升，这为以创新应用驱动在线教育资源生态可持续发展、重塑教学流程和结构提供了有力支撑。作为在线教育的新样态，MOOC以其大规模、在线开放、免费共享、个性参与等特征，得到了不同领域研究者的关注，但现有应用MOOC开展教学实践的研究主要存在无法匹配社会需求、无法打破校际壁垒和无法有效培养学生创新能力等问题。基于此，本节立足新时代教育改革需要，直击MOOC应用中存在的问题，构建基于MOOC的共享—协同—创新（Share-Synergy-innovate，SSI）模式，并通过实践应用验证该模式的有效性，以期为现有MOOC在高校的有效应用提供借鉴。

二、研究现状与发展趋势

2012年是MOOC元年，历经了7年的深入研究与实践应用，MOOC逐步衍生出了SPOC、移动慕课（Mobi MOOC）、分布式开放写作课（distributed open collaborative course，DOCC）等资源样态与应用模式，彰显出MOOC强大的生命力。目前，基于MOOC的教学模式研究主要集中在理论分析、模式构建、实践应用等方面。例如，谢幼如等将 MOOC 与联通主义、行为主义、建构主义和多种学习理论相结合，系统分析了以 MOOC 为代表的在线教育教与学模式。① 张剑威和汤卫东通过 MOOC 与具体学科的结合，构建了 MOOC 体育课程教学模式并展开教学实践研究。② 单晓芳依托混合学习视角开展 MOOC 课程教学实践，构建出融合传统教学和 MOOC 的混合式教学模式。③ 谢幼如等基于后现代主义教学观，实践构建了融合翻转课堂与 MOOC 高校 MF 教学模式。④

综观现有研究发现，基于 MOOC 开展教学实践的相关研究已经较为广泛，且具有明显的区域和学科特色。但现有相关模式较为注重课程目标的实现和实践项目的完成，对需求错位、校际壁垒等问题无法得出有效的解决方案，同时尚未从整体和系统的视角应用 MOOC 培养学生的创新思维与能力，从而导致基于 MOOC 资源的共享不充分、教学应用较为分散、教学效果不够凸显等问题。为解决以上问题，本节试图以 MOOC 的共享为基础，以协同育人为主要方式，构建以培养创新人才为目标的新型教学模式，为创新 MOOC 教学模式提供重要理论指导与实际借鉴意义。

三、基于 MOOC 的共享—协同—创新模式构建

（一）研究过程与方法

本节综合应用文献研究、行动研究、个案研究和评价研究等方法，系统梳理并开展基于 MOOC 的共享—协同—创新模式的理论建构；接着开展三轮行动研究，修正和完善基于 MOOC 的共享—协同—创新模式；最后利用中国大学 MOOC 平台"教学设计原理与方法"开展个案研究并进行教学实践，采用评价研究对模式的效果进行验证。具体研究过程与方法，如图 5-13 所示。

---

① 谢幼如，张惠颜，吴利红，等. 以 MOOCs 为代表的在线教育教与学模式的理论分析 [J]. 电化教育研究，2016（3）：50-58.

② 张剑威，汤卫东. 基于 MOOC 的高校体育教学模式探索与思考 [J]. 中国学校体育（高等教育），2016，3（1）：72-78

③ 单晓芳. 融合传统教学和 MOOC 的混合式教学模式研究与实践 [D]. 重庆：重庆师范大学，2017.

④ 谢幼如，张惠颜，吴利红，等. 以 MOOCs 为代表的在线教育教与学模式的理论分析 [J]. 电化教育研究，2016，37（3）：50-58.

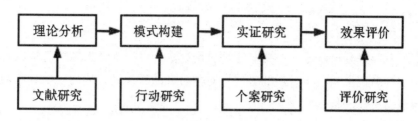

图 5-13 研究过程与方法

1. 理论分析

在理论分析阶段，本节主要应用文献研究法演绎模式雏形，以奠定模式构建的理论基础。基于 MOOC 的共享—协同—创新模式主要依据协同创新理论，通过适当引导与组织，发挥各机构的作用与优势，整合互补性资源，创新实现主体间的深入合作与资源的整合，以产生系统叠加的非线性效用。[1] 协同创新理论能够促进各要素、各组织之间的有机结合，创新动态生成，有助于人才培养要素的整体协调，有助于构建实现创新的动态机制，以实现人才的创新培养。

2. 模式构建

在模式构建阶段，本节主要采用行动研究法，根据行动研究过程中存在的问题和共享—协同—创新的逻辑，恰当调整教学环节中的要素，以不断优化和完善教学模式，提高模式的适切性。

3. 实证研究

本节主要依托中国大学 MOOC 平台"教学设计原理与方法"课程，在华南师范大学教育技术专业 2016 级本科生中开展个案研究。"教学设计原理与方法"是教育技术专业三门核心主干课程之一，也是教师教育的必修课程，能够帮助学习者更新教育教学理念，掌握教学设计能力，提升信息化教学水平。自上线以来，选课人数近万人。其中，来自广州大学、河南大学、宁夏大学和南宁师范大学等高校 1000 多名教育技术学本科生参与协同学习。本节通过实证详细了解在开展模式实践过程中出现的问题，以期对出现的问题形成深入全面的认识，为提出改进方法提供事实依据。

① 孙清忠. 高校创新人才培养机制构建——基于协同创新理论视角［J］. 社会科学家，2015（11）：124-127.

4. 效果评价

本节在效果分析阶段，主要采用评价研究法，根据创新人才培养的目标，按照评价的标准，采用科学合适的方法，对学习者的教学设计能力、协作学习能力与创新能力进行测量。

（二）基于 MOOC 的共享—协同—创新模式构建

对 MOOC 的创新应用始于实践中的不断探索。本节基于中国大学 MOOC 平台"教学设计原理与方法"开展实践应用，进行了三轮行动研究：第一轮时间为 2016 年 9 月至 2017 年 3 月，研究目标是实现优质资源多方共享；第二轮时间为 2017 年 6 月至 2017 年 12 月，研究目标是助力课程实施多元协同；第三轮时间为 2018 年 1 月至 2018 年 6 月，研究目标是推动学习生态多维创新。每轮行动研究之后，笔者根据研究过程中遇到的问题进行修改完善，从而形成了最终的模式。

1. 第一轮行动研究：优质资源多方共享

实现优质资源多方共享是第一轮行动研究的主要内容。笔者根据多年来的一线信息化教研经验，重塑原有课程内容，扩充课程的受众对象。除了教育技术学专业的学生以外，师范生，基础教育、高等教育和职业教育的一线教师以及企业培训相关人员都可以从本课程中收获自己需要的内容，从而丰富了学习群体的角色与特征。这既为多方共享优质课程资源提供了有效契机，扩大了 MOOC 课程的辐射覆盖面，也为区域之间、校际之间、校内之间及师生之间的协同奠定有力基础。

在第一轮行动研究中，笔者将基础教育、高等教育、职业教育和企业相关从业人员作为本课程的主要受众，同时顺应时代潮流重构内容体系，既涵盖教学设计领域的基本原理与主要方法，也囊括教学设计理论的前沿动态与发展趋势，充分体现基础性、系统性、适应性、先进性的有机结合，最终确定的课程内容如图 5-14 所示。

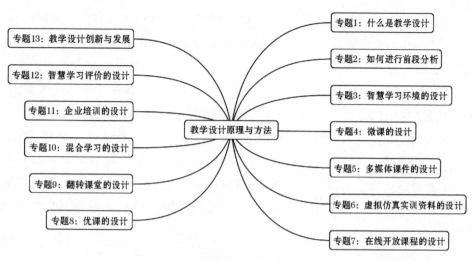

图 5-14 "教学设计原理与方法" MOOC 课程内容结构图

2. 第二轮行动研究：课程实施多元协同

在优质资源多方共享的基础上助力课程实施多元协同是第二轮行动研究的主要内容。如图 5-15 所示，落实国家经济社会需求，需要创新实施机制与动力。对于 MOOC 来说，重构其实施流程可以充分激发师生、校际、校企和区域等协同的活力，助力课程实施多元协同。

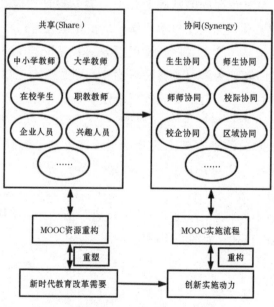

图 5-15 MOOC 课程实施多元协同

在第二轮行动研究中，笔者从加强互动交流以及推动区域协作、校际协作、校内师生协作的角度出发，重构原有 MOOC 实施流程，形成了校内混合学习、校际同步授课和区域异步培训等模式。在华南师范大学本科生教学中，我们应用"教学设计原理与方法"MOOC 开展混合学习实践，通过设置"华师空中课堂"讨论专版实现生生与师生协同；在校际同步授课实施过程中，笔者联合广州大学、河南大学、宁夏大学和南宁师范大学等学校开展同步授课，既丰富了线上平台的学习群体，又实现了线下授课的特色实施；在区域异步培训实施过程中，笔者将该课程在全国范围内推广，已有近万人选课学习，产生了较大的影响。由此可见，在资源共享的基础上重构实施流程是创新应用 MOOC 的有效动力。

3. 第三轮行动研究：学习生态多维创新

推动学习生态多维创新是第三轮行动研究的主要工作。笔者在运营 MOOC 的过程中发现，提供物化 MOOC 学习产出的资源、工具和展示平台能够有效促进学习者创新意识、思维和能力的培养。在第三轮行动研究过程中，为了优化学习者的学习体验，提升其创新意识、创新思维及创新能力，笔者重整 MOOC 应用生态以推动整个学习生态多维创新。为给学习者提供创新资源，笔者在"教学设计原理与方法"MOOC 课程的基础上开设"教学设计后院"，为学习者提供丰富的拓展资源和工具，优化课程学习体验，拓宽课程宣传渠道，提升课程综合影响，打造课程精品品牌；为创新课程服务，笔者除了在课程讨论区及时地提供支持服务，随时随地为学习者答疑解惑外，同时引入工单处理机制，在保护学习者隐私的同时对学习者的疑惑进行个性解答；为创新教学效果，笔者同时搭建课程学习成果孵化平台（青柚课堂），为学习者提供真实的创新情境，从而使其在感悟教学设计基本理论的基础上，体验和了解教学设计的实际应用，规划设计与开发真实可用的产品，做到"学有所获，学有所悟，学有所用，学有所成"。

通过以上三轮的"计划—行动—观察—反思"活动，笔者构建了基于 MOOC 的共享—协同—创新模式，如图 5-16 所示。

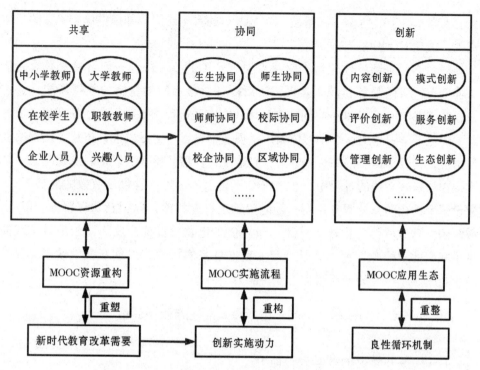

图5-16　基于 MOOC 的共享—协同—创新模式

该模式不仅体现了 MOOC 的共享、协同与创新过程，也体现出 MOOC 应用的主要趋势。该模式具有如下特点：

（1）多方共享，辐射推广。MOOC 平台提供优质、高效的教育服务，课程团队充分利用课程资源优势，使得教育技术学专业学生、师范生、基础教育一线教师、职业教育一线教师、高等教育一线教师、企业培训相关人员共享优质课程资源，从而解决了教育技术学本科生教学能力不够、社会经验欠缺的问题。同时，课程团队充分发挥课程的辐射引领作用，通过教育帮扶实现优质资源多方共享，合力缓解教育资源不均衡问题。

（2）多元协同，推动应用。MOOC 资源的推广应用离不开区域之间、学校之间、校内之间的协同合作，因此需要从三个方面着力。首先强化区域协作。区域与区域之间的合作能够有效带动片区的发展，大面积地推广 MOOC 课程，从而扩大 MOOC 课程的影响力。其次加强校际协作。学校与学校、学校与企业之间的合作，能够实现 MOOC 资源的无缝对接，提高教育投入的效率和效益。最后强化校内之间的协同合作。生生之间、师师之间、师生之间的协同合作，能够有效维持同伴之间的协作关系，提升学生的协作学习能力。从而打破全国各个区域高校教育技术学本科生的协作学习壁垒，为 MOOC 的多元协同实施提供优质丰富的学伴资源，推动 MOOC 的有效应用。

（3）多维创新，优化生态。基于 MOOC 的共享—协同—创新模式有效创新课程生态、课程服务和教学效果，从而提升学习者的创新精神与创新能力。首先，基于 MOOC 的共享—协同—创新模式在实践过程中，利用丰富的课程学习资源，优化了学习者的课程学习体验，呈现了学习者的学习风采，拓宽了课程的宣传渠道，提升了课程的综合影响力，打造了课程精品品牌，以创新课程生态。其次，在该模式实践的过程中，在 MOOC 平台上的讨论区提供了有效的支持服务，建设了个性化的支持服务平台，随时为学生答疑解惑，以创新课程服务。最后，教学团队针对"信息化教学设计"和"信息化教学资源开发"两个项目实践提供了相应的"孵化"平台，让项目实践产物真实可用，以创新教学效果，提升教育技术学本科生的创新精神与创新能力。

四、MOOC 的共享—协同—创新模式应用与效果评价

（一）提升学生的教学设计能力

本节选择华南师范大学教育技术专业 65 名 2016 级本科生开展 MOOC 的共享—协同—创新模式实践。在"信息化教学设计"项目实践中，要求每名学生完成并提交教学设计方案，参照"信息化教学设计方案"评价表，对组内成员的教学设计方案进行评价，最后对全班 65 名学生的教学设计方案取平均分，具体评价结果见表 5-4。

由表 5-4 可知，整体上学生教学设计方案的平均得分较高，说明经过开展 MOOC 的共享—协同—创新模式实践后，学生的教学设计能力得到普遍提升。同时，学生在设计教学方案时，能够选择合适的主题，确定先进的教学理念，突出教学重点，突破教学难点，明晰详细教学过程，开展教学评价，以彰显教学设计研究方法的创新点。

表5-4 "信息化教学设计方案"平均得分表

指标	具体描述	平均得分
选题意义（10分）	能选择具有学科（课程）代表性且能充分发挥信息技术作用的教学内容	8.8
教学理念（10分）	针对教学实际问题，以学生为中心，体现信息化教学理念	8.7
教学目标（10分）	教学目标明确、具体、可操作	8.8
教学重难点（10分）	教学重点、难点分析精准，教学重点、难点的处理符合学生认知规律	8.4
教学过程（30分）	教学结构设计清晰合理、环节完整，课堂容量适当；教学活动设计具体，情境与活动的设计指向问题解决；恰当应用信息技术设备和数字教学资源支持学生学习、师生互动、突破重难点，帮助学生理解、掌握和应用知识，解决教学实际问题	26.3
教学评价（20分）	教学评价设计多元化，能利用信息技术对知识、技能、情感和信息素养等方面进行有效评价	17.1
特色创新（10分）	形式新颖，启发性强，能运用信息技术创新性地解决教学问题	9.2
平均分		87.3

（二）促进学生的协作学习能力

一般来说，协作学习是指以由学生组成的学习小组或团队为单位进行学习，学习者通过与同伴协作交流、分析讨论、获取知识、迁移应用、解决问题，以共同完成教学任务。在学习期间，组内每位成员可与同组或更大范围内的人员共享交流收集到的资料，以扩展知识储备，并提升自身能力。在教育信息化迅速发展的今天，协作学习能力的内涵与组成成分也在发生变化。具体来说，协作学习能力包括信息的收集和筛选能力、问题解决与自主探究能力、合作交流的能力、树立竞争意识及实践操作的能力。

本节开展了 MOOC 的共享—协同—创新模式实践。在课前，学生根据 MOOC 课程"教学设计原理与方法"展开在线互动讨论，发表自己的想法，提出自己的见解。在课中，教师根据学生的课前互动讨论及学习反馈确定教学问题，组织学生进行协作探究，利用"华师空中课堂"讨论区呈现学生的课堂交流协作情况。在课后，学生在讨论模块进行总结反思、分享讨论，实现多维互动交流。学生的协作学习行为被课程后台记录，学生的讨论情况在平台上也有准确的记载。学生网上讨论的数量在一定程度上也能够反映学生参与协作学习的态度，体现学生的协作学习能力。本节中"教学设计原理与方法"MOOC 课程中共设置 38 个讨论题，通过对 65 名学生的讨论数据分析可知，该 65 名学生的人均讨论数目为 36.7 个，远大于平台人均讨论数目 10.3 个。因此，基于 MOOC 的共享—协同—创新模式能够有效促进学生的协作学习能力。

（三）培养学生的创新能力

创新能力是指运用一定的知识和理论产生某种新颖、独特、有社会价值或个人价值的新思想、新观点、新方法和新产品的能力。创新能力可以分为创新意识、创新思维与创新技能。其中，创新意识是实现创新的前提和基础，创新思维是连接创新意识与创新技能的关键桥梁，创新技能是创新思维物化的结果。

本节通过开展 MOOC 的共享—协同—创新模式实践，旨在培养学生的创新能力。在"信息化教学资源开发"项目实践中，65 名学生共分为 10 组，每个小组 6~7 人。小组成员自主选择项目实践主题，合理做好项目规划与进度安排，按时完成阶段性成果并进行汇报，努力实现项目预期目标。最后，各小组根据"威廉斯创造力倾向测验量表"和"Torrance 创造性思维测验"对其他小组作品进行创新意识与创新思维评价。每一组得分为其他 9 个小组评分的平均分。各组学生项目实践的创新意识与创新技能得分情况良好，即各组学生都能意识到创新的重要性并具有较高的创作动机。在创新思维方面，学生的得分相对较高，但差异较大。其中，第六组分数最低，第八组的数据最高。总的来说，通过开展 MOOC 的共享—协同—创新模式实践，学生的创新能力得到有效提升。

第六章　在线开放课程典型案例

对于在线开放课程平台来说，它不生产在线开放课程，而是提供在线开放课程实施和管理的平台。对于优质课程资源的开发与上线，则交给了课程团队或知名高校负责。

第一节　课程层面的案例

一、人文社科类课程案例

（一）清华大学"思想道德修养与法律基础"

1. 课程内容

为了提高教育的吸引力，"思想道德与法律基础"设计教学小组通过动画的方式来呈现案例，并通过清华师生的真实故事来阐述理论观点。比如，在理想目标的讲授中，列举了施一公、柔朋、矣晓沅等生动的师生故事。除了教学视频和作业之外，每一章都提供阅读资料和参考书，扩展课文的内容，鼓励和引导学生课下主动阅读，进行自主学习。同时，注重教学互动。授课教师和课程助教通过在讨论区主动引导话题、参与同学讨论、及时解答问题等方式加强教学的互动性。此外，该慕课还设置了习题和期末考核环节，主要目的是检测学生的学习效果，同时便于任课教师通过后台数据知道学生对相关知识的理解程度，然后在课堂上讲课。

2. 课程改革创新

课程负责人张瑜老师在教学实践中运用慕课开展混合式教学，形成了一套比较成熟、行之有效的教学模式，主要包括慕课学习、小班研讨、大班教学和课外实践四个环节。小班研讨作为混合式教学中一个极其重要的环节，其形式是以学生为主体的翻转课堂，这促进了学生的自学以及老师和学生之间的互动。围绕"新时代、新阶段、新目标""专业、职业与事业""新时代如何践行爱国主义精神""我身边的社会主义核心价值观"等主题，学生自主报名参加小班研讨活动，教师在大班教学时根据学生在小班讨论中反映的主要问题进行针对性的讲授。大班是混合教学的重要组成部分。在大班教学中，教师针对教学内容中的重点难点问题，结合小班研讨中的问题反馈进行专题讲授；同时，注重运用前沿和鲜活的案例，抓住学生的思想热点进行讲解。

学生的课外实践包括小组实践和个人实践两个环节。选择小组实践的同学结成小组，围绕课程的相关主题开展调研，比如"清华人的价值观与成长发展之路""清华园里一位平凡劳动者的生活与梦想"等，形成调研成果并在课堂分享。个人实践的形式主要包括学生社会工作、志愿服务、集体建设、社会实践等。有同学表示，"线上慕课清晰、易懂而又不失深刻；小组研讨不仅提高了同学们的互动热情，而且有助于锻炼表达能力；课外实践有利于我们深化对理想、道德、爱国主义等主题的认识，使原本对政治不感兴趣的我也不由自主地进入课堂，享受学习过程"。

与此同时，该课程还通过雨课堂的智能教学工具，实现"课前—课中—课后"的每一段经历都是全新的，以便在大数据时代迅速实现智能教育。在课前，教师推送雨课件，让同学们提前预习并完成相应作业习题；在课上，教师基于雨课件开展教学互动和轻度课堂翻转；在课后，教师推送雨课件来布置课后作业或组织安排调研实践活动。

3. 课程应用情况

自 2015 年清华大学四门本科生思想政治理论课全部开通在线开放课程以来，清华大学思政课在全国得以推广。"思想道德修养与法律基础"继续为全国高校和社会提供全面的学习服务，不断探索信息技术与教育的深层次结合，提高混合式教学的质量和效果；在教学应用上继续加强与其他高校的合作，推进教师团队的交流和助教团队的培训工作，提高开展混合式教学的水平；面向社会进一步提高服务质量，通过强化课程体系建设向广大社会学习者提供不间断的学习服务。

截至 2019 年底，"思想道德修养与法律基础"被 12 所高校或机构选用；在网上的课堂上，大约有 19.6 万人选择了这门课。

（二）东华理工大学"中国文化概况（英）"

1. 课程内容

"中国文化概况（英）"是东华理工大学建设的一门中国文化英文通识教育

类课程，内容包括中国的国情、哲学、宗教、文学、艺术、体育、风俗、服装建设和中国的旅游。

课程基于国家对中国传统文化对外传播和创新人才培养的需求，使学生在领略祖国灿烂文化的同时通过学习和实践全面提高用英语表达中国文化，培养学生对中国文化的热爱，增强国家自信心和自豪感，并在实践中培养学生的团结合作精神、人文情怀和公益精神。

2. 课程改革创新

课程团队构建了"网络+课堂+实践"三位一体的育人课程实践新模式，解决了以下三个主要问题：

一是解决了高校中国文化类英文课程缺乏完整配套教学资源的问题。课程团队围绕中国文化英文课程研发并形成了国家级精品在线开放课程、音频资源、丰富的英文或双语图书资料以及 PPT 等相关教学资源，并在中国高校外语慕课平台和高等英语教学网共享。

二是解决了如何借助"互联网+"创建中国文化实践新模式的问题。课程团队借助"互联网+"的优势，解决了课程内容学习与实践比例不平衡的问题；实行"线上线下混合式"实践新模式，既考虑了学习者碎片化的学习需求，又为课程实践提供了更多的时间和更大的空间。

三是解决"教育谁"的问题。课堂教学中注重培养学生的人文情感和公共精神，将思政教育融入课程实践，提倡尊重教育和培养合作精神，以及对中国文化精髓的理解、创新和实践，并积极送课下乡，丰富农村中小学和特教学校的中国文化学习资源，助力实现了学生多元化就业的局面。

3. 课程应用情况

目前，该课程的线上线下学习者已经累计 60 余万人次，涵盖 91 个国家和地区。课程团队多管齐下，围绕课程实践创立了中国文化外语微视频大赛，创建中国文化对外传播英文网站和课程微信公众号，践行国际化传播实践，开辟中国文化公益类传播路径。指导学生为聋哑人研发的中国文化手语版慕课已应用到江西省 10 多所留守儿童学校和特教学校。

（三）安徽师范大学"大学语文"

1. 课程内容

"大学语文"课程立足"人文语文"的建设目标，以在文学中寻找文化和通过语言媒介的文化为目的，促进文理渗透、学科融合，全面提高学习者的人文素质，帮助学习者成为具有历史感、文化感、道德感，精神文化丰富的现代人。

课程全面贯彻落实"以学生为中心"的教育理念，主动适应"互联网+"时代教学改革的要求，改革传统教学模式，全面调动学习者学习的积极性与主动性，积极发挥教师专业特长和教学个性，提高课程教学质量，着力培养和提高学习者的阅读、理解、欣赏和表达能力。

2. 课程改革创新

（1）优化课程体系，加强课程学习管理。根据课程内容对教学单元进行微划分，融课程主旨内涵的整体性和慕课学习的碎片化为一体。要求学习者实名注册，并根据学习者的学习经历与背景组建教学班级，开展慕课教学。每班配备研究生助教辅助慕课教学实施，提前一周发布思考题并于次周讨论交流。

（2）改进教学方式，优化教学组织与实施。慕课为学习者提供考试、作业、问题、讨论和教学方面的标准，授课教师能够定期完成在线指导与测评，保证教学活动的完整有效。将传统授课与慕课教学相结合，开展自主式与协作式学习，大力推动师生互动、生生互动，着力提高教学质量。

（3）改革考核方式，完善课程评价体系。根据慕课特点，构建含考勤、背诵、课堂讨论、视频学习、随堂测试、写作、发帖讨论等多种形式在内的平时成绩考核方式，将通过线上测试作为期末考核的必要条件。

3. 课程应用情况

这门课程是在2018年选定的全国精品开放课程，从2017年开始在安徽省网络学习中心开展活动，全程进行了6个周期的教学。本课程应用覆盖面广，本校15个师范专业将本课程设为必修课，实现了师范专业全覆盖；本校注册学习用户累计达4000多人。除安徽师范大学外，共有其他100余所高校的2000余名学生学习该课程，如中国科学技术大学、合肥工业大学等；共有社会学习者1200余名。

（四）"五项修炼——跟我学管理学"

1. 课程内容

本课程以管理学基本原理与方法为主线，融合课程团队 30 多年从事管理学教学、咨询与科研的丰富经验，全程采用"案例教学"的授课方式，每一个知识点都由"想—想""学—学""用—用"三个环节构成，将现实管理问题"案例化"、管理原理与知识"通俗化"、学习过程与方式"互动化"。采用真实、生动的故事诠释理论，促进管理理论学习的情景化。课程由六大模块构成，系统介绍管理学基本概念、管理学科的发展历史、管理基本职能及方法和全面提升管理素质与能力的五项修炼等知识。

2. 课程改革创新

本课程适用于全日制高校在校本科、专科学生，在职管理人员，MBA、MPA等专业学位研究生。为契合不同学习群体的多样化学习需求，采用了"自主学习+混合教学"并重的教学方式。

针对校外教学班级和社会学习群体采取以下措施：一是提供丰富的线上学习资源，构建"基础理论、前沿动态、创新探索"三位一体的知识体系。在重要的方面提出互动问题，鼓励学生思考，做到基础知识教学、现实问题思考、科学问题探索三者并重。二是支持全方位的教学活动。通过平台的通知、随堂测试、讨论、单元测试等功能完成课程导入、知识巩固、问题探讨等教学环节。三是提供全过程的教学督学。借助平台强大的统计功能安排教师、助教密切关注学生在线学习时间、答题正确率、提问情况等，给学生及时提供针对性的辅导和互动交流。

针对校内教学班级，运用翻转课堂教学方法进行教学。在课前学生自主学习完成线上课程内容，在课中主要进行知识的深入讲解和探讨，借助辅助教学工具"学习通"实现教学方式多样化、教学反馈客观化、活动记录实时化。

3. 课程应用情况

（1）本校应用情况。本课程已应用于校内经济管理类专业"管理学原理"课程教学。2018 年 10 月至 2019 年 2 月，本课程在中南大学经济管理类 2018 级本科生、2018 级 MBA 研究生的"管理学原理"教学中进行了线上线下混合式教学改革试点，选课人数约 1000 人。课程已列入中南大学公共选修课目录，从 2019 年下半年起面向全校所有专业学生开设选修课。

（2）其他高校应用情况。本课程独具特色的"六大模块+三个环节"内容构建范式受到了同行的广泛认可，自上线学银在线平台以来，本课程的学习者来自南开大学、厦门大学、中山大学、吉林大学、国防科技大学等 492 所高校，其中河南工程学院、湖南商务职业技术学院等数十所高校将本课程列入重点推荐课程。

（3）社会学习者应用情况。本课程已被鲁西化工集团股份有限公司、广州电力机车有限公司、新疆众和股份有限公司等企业指定为管理素质与能力提升培训的必修课程。

（五）北京师范大学"英语诗歌"

1. 课程内容

"英语诗歌"是为英语专业学生开设的专业选修课程，内容包括英语诗歌的基本知识（如韵律、韵式、诗体、语言特征等）、英语诗歌的主要流派、各个时期的经典英诗作品，以及优秀的英诗汉译作品。

本课程基于英语专业人才培养的需求及中西优秀文化交流与沟通的需要而开设。通过这门课程，学生能够理解和掌握英语诗歌的基础知识，了解优秀英语诗歌作品的艺术魅力，扩展学生对中西文学和文化的认知，提升学生对英语诗歌的理解力、领悟力，提高学生对诗歌朗诵、诗歌翻译和诗歌创意写作的兴趣，并能有效提高学生对英语诗歌的分析能力。

2. 课程改革创新

（1）丰富并完善了课程教学模式。传统"英语诗歌"课程以线下课堂教学为主要教学模式。本课程充分发挥了音频和视频的特点和优势，将英语诗歌的音乐美、情景美，通过视觉和听觉的形式进行课堂教学，鼓励学生学习。配合线上课程的学习，教师在课堂教学中采用了更为灵活多样的教学模式，如增加教学中的互动环节，适当补充、扩展教学内容，增加课程的文化和思想内涵，强化批判性思维的训练，适度与学生进行翻转课堂的实践，等等。同时，线上课程的学习被纳入课堂教学的评价体系之中，实现了两种教学模式的结合，使课程的教学和评价考核方式更为完善、科学、合理，激励学生主动学习，提高学生学习能力和分析能力。

（2）丰富了课程培养目标的实现方式。学生通过线上课程的学习，可直接感悟到英语诗歌在声音和视觉效果方面的艺术魅力。在课堂教学的平时训练中增加诗歌表演及朗诵、诗歌翻译、诗歌创作以及诗歌评论方面的内容，并将这些实践性的活动纳入培养目标和评价体系之中，使学生可以通过多种学习和实践的方式进一步加强对英语诗歌的认识和理解。

（3）推进了美育。通过该课程的学习，有效提升了学员对英语诗歌艺术的感悟力和理解力，使他们认识、了解了诗歌这一中西文化的优秀成果，推进了诗歌教育和美育。

3. 课程应用情况

"英语诗歌"慕课上线以来吸引了大批学员，在社会上产生了良好的反响。基于这门课程的网络和线上线下混合已经得到了有效的测试，取得了积极效果。从混合式教学的效果来看，学生对学习的积极性较高。由于课程评价形式的灵活多样，学习内容的深化扩展，本课程受到学生广泛的欢迎，有着积极的应用和推广前景。

二、理工农医类课程案例

（一）北京大学"人工智能与信息社会"

1. 课程内容

本课程是 2017 年教育部与软件生产合作教育项目的成果，它结合了社会热点，介绍了人工智能技术的基本概念、历史发展、经典算法、应用以及对人类社会的远大影响，展示人工智能在信息社会领域的前景，为大学生和社会打开了学习人工智能的大门，为他们今后深入研究人工智能领域奠定了基础。

2. 课程改革创新

本课程发挥北京大学跨学科的综合优势，在人工智能技术的原理、应用和未来在自然科学和人文社会科学的基础上，通过生动的案例，加深了学习者对人工智能技术的理解。

本课程邀请微软亚洲研究院的人工智能专家，通过访谈的形式，介绍科学、技术、工程和专家的知识及经验。本课程的重点是练习算法，通过五个相对独立的人工智能典型应用程序，介绍微软的开源项目和其他提供人工智能开发基础设施的项目，结合丰富的应用数据，让学生在一段时间的学习后，能够学习到关于人工智能算法的有趣知识。

本课程在课程体系建设上，将专业教育与通识教育相结合，在学习算法的基础上，进行人工智能各应用领域的介绍，还介绍了人工智能与人类社会的未来，引发学生对于人工智能技术革命的思考。在教学实施上注重按照课程进度逐步推进，教师和助教积极参与答疑和学生讨论，鼓励学生利用课程所学知识去发现和理解人工智能技术的最新进展。本课程注重动手实践，课程中的每个算法都有配套实例，通过下载虚拟机镜像的方式，学生安装到自己的计算机上进行练习和体验，以巩固所学算法知识。

3. 课程应用情况

（1）在本校的应用情况

本课程在北京大学 2019 年暑期课程"人工智能创新实践"中以 SPOC 的形式为课堂教学提供内容，同时是中国高校学生人工智能训练营的学分课程。

（2）面向其他高校学生和社会学习者的应用情况

本课程同时面向社会学习者和高校开放。已面向社会学习者开放两个学期，选课总人数为 29，450 人，有 356 人拿到课程证书，在爱课程（中国大学 MOOC）±评价得分为 4.9 分（总分 5 分），许多社会学习者表达了对本课程的喜爱以及对课程内容和教学方式的认可。有 3 所高校采用其为 SPOC 课程。

本课程被微软亚洲研究院人工智能教育团队创立的人工智能教育与学习共建社区选用，并荣获 2019 年微软新一代人工智能开放科研教育平台合作论坛"最具影响力课程"称号。

本课程还入选中国科协青少年科技中心 2019 年青少年人工智能科普活动指导课程，在科技学堂网的科技辅导员在线学习中心开课，共培训科技辅导员 1366人。本课程还入选中国大学先修课（CAP）栏目，在 2019 年暑期开课，选课人数 16，215 人。

（二）上海交通大学"微生物学实验"

1. 课程内容

"微生物学实验"是生命科学相关专业的必修基础实验课程，教学对象是生命科学相关专业二年级本科生。在线教学对象包括高校大学生、研究生、科研工作者及社会人员。课程以掌握微生物学操作技术、能够设计实验并分析解决问题、多角度分析评价实验结果为认知领域的教学目标；同时让学生感受微生物之美，培养学生热爱生命的情怀。

本课程内容涵盖微生物学技术和科研一线研究热点，具体分为以下四个模块：

（1）基本技术模块。它包括培养、杀菌、免疫、微生物培养、显微镜培养等。

（2）观察模块。它包括各种典型微生物的生产、染色、观察微观形态等。

（3）隔离标志模块。它涵盖各种微生物技术。

（4）分子遗传学模块。它包括经典和现代微生物遗传学实验。

2. 课程改革创新

（1）设置实验讨论课。本课程的每个实验内容都包括教师讲解微课、实验操作视频、结果展示、讨论评价等内容。其中，针对实验课的特点，设计了由本校学生参与的实验结果讨论分析课。在四个模块内容的学习后，由学生总结分析线下的实验结果，使在线学习者能够看到实验室、实验者和实验结果，拉近在线学习者与课堂学习者的距离。同时，讨论分析以某一实验技术为主线，将实验课程学习的广度和深度都大幅扩展，有效地提升课程品质。让学习者在明白实验原理的基础上，掌握操作技术细节，提高分析和解决实际问题的能力，完成"原理—技术—实训"全过程培训。

（2）紧跟科研实践。课程在第一模块微生物学基础技术后，后面三个模块都加入了科研一线研究热点内容，如极端微生物、微生物信号、荧光细胞转化等内容，将经典技术与科学前沿相结合，使得教学内容从基础技术走向实用和科研一线。

（3）运行混合式教学。教学设计包括课前在线自学和自测、动脑与动手相结合的课堂实践、线上线下混合的课后升华三个部分，推动实验课程的深度学习。通过连续四年的教学实践发现，学生具有很强的主动自学能力，实验课程效果大幅提升，学习者在各种评价指标中都表现优秀。

3. 课程应用情况

本课程自 2016 年起，利用好大学在线平台在上海交通大学校内针对生命学院生物技术、生物工程专业二年级本科生开展混合式教学，并在 2019 年的国家大学综合教学设计竞赛中获得第一名。

（三）清华大学"住宅精细化设计"

1. 课程内容

本课程从我国住宅设计经历了哪几个发展阶段，室内装修中有哪些常犯的错误，怎样才能使住宅更加舒适、实用，户型优化设计该从哪里入手，住宅的规划与设计中有哪些人性化设计要点，国外住宅设计有哪些值得借鉴的理念与做法，住宅的未来发展趋势是什么等问题出发，深入浅出地带领大家了解住宅精细化设计的各个方面。

2. 课程改革创新

主讲人继续在教育和教学中进行新的试验，使用线上和线下的互动模式。对于本校的学生，教师让学生先自主学习慕课视频，然后穿插安排线下课程，对课程的重点难点进行深入讲解，补充讲授最新的研究成果，带领学生进行参观调研，组织学生交流讨论，指导学生完成专业的设计作业，使学生加深对所学知识的理解和认识。

3. 课程应用情况

截至 2019 年底，课程被 12 所高校及机构选用，在学堂在线累计选课约 7.8 万人次。

对于社会学习者，教师更注重利用网络平台，提高教学的互动性。教师和助教经常在线上浏览学员的留言，并耐心回答各种问题。这种线上交流的模式一方面提高学生学习成绩，另一方面也使在线课程变得更贴近生活。

（四）北京邮电大学"电路分析基础"

1. 课程内容

电路分析是电子信息领域非常重要的基础课程之一。北京邮电大学开放在线课程"电路分析基础"侧重于电路的基本概念、基本理论和基本分析方法。在课程教学中坚持"教书育人，立德树人"的理念，注重传播正能量。

2. 课程改革创新

课程团队通过线上与线下、课外与课内、个人与团队相结合的教学模式，培养学生的自学能力、思考能力、表达能力、团队协作能力和创新能力，达到知识学习与能力培养并重的目的。

（1）线上与线下相结合。学生线上完成知识学习，教师线下进行学习情况检查和知识点梳理。学生线上自测，完成知识巩固。

（2）课外与课内相结合。学生通过阅读和写作完成学业；老师安排作业，在课堂上讨论；学生通过课外的章节测试、实验和课程论文等完成知识的巩固；通过课内的讨论及展示进一步实现能力的培养和提高。

（3）个人与团队结合。个人独自完成作业，实现知识消化；团队成员互相交流，共同查找资料，完成综合题目和实验并进行课上展示，实现知识巩固、能力提高。

3. 课程应用情况

通过将试点班（实施线上线下混合式教学）与普通班的考试成绩进行比较发现：试点班的平均分高于两种班级的总平均分，优秀率高于普通班，不及格率低于普通班。调查问卷结果显示：绝大部分学生非常喜欢这种教学方式。学生说："这种上课方式成功激发了我们探讨知识的兴趣，真的很感谢北邮能够进行这样的创新，希望能保持下去！"另外，授课老师本身的感受是：学时不再紧张，课堂上有充分的讨论和练习时间。

（五）北京理工大学"Python 语言系列"在线开放课程

1. 课程内容

北京理工大学从 2013 年开始在校内改革程序设计课程，在全国率先采用 Python 语言作为程序设计入门语言，并结合 Python 语言进行专业纵深内容教学，支撑大数据及人工智能教育教学。为了进一步推动教学改革并展示信息技术与各学科融合的教学模式，从 2015 年起，北京理工大学嵩天团队开始建设"Python 语言系列"在线开放课程，先后在爱课程（中国大学 MOOC）平台推出 8 门课程，覆盖从大学先修到专业纵深实践的多条学习路径。

2. 课程改革创新

在"Python 语言系列"课程建设过程中，北京理工大学提出了"在线专题课"概念。与传统"在线开放课程"不同，在线专题课围绕一个特定应用主题、采用 4~6 周较短时间组织课程内容，采用"短平快"方式培养学生纵深方面的技术能力，并通过组合形成纵深路径。实践证明，在线专题课能够较好地帮助学生学完较为专业的学习内容，结课率比在线开放课程平均高 2~3 倍。由于模块更小，在线专题课能够作为课程内容的补充模块应用到校内课程中，使用灵活且教学效果显著。

受限于培养计划制订周期，"Python 语言系列"在线课程在北京理工大学校内落地开设也经历了从无到有、从选修到必修、从线上反馈线下的发展过程。从教学管理角度来看，该系列课程开创了由在线开放课程促进培养方案改革的新模式，为课程体系设计开辟了新思路。在教学方法改革上，"Python 语言系列"在线课程不仅适用于在校内开展基于 MOOC/SPOC 的翻转课堂教学探索，也适合围绕"在线专题课"进行 10~16 学时模块级别的混合式教学探索。目前，北京理工大学及全国多所兄弟院校已经在大数据、人工智能、计算机、信息技术等多个专业的不同课程中尝试围绕"Python 语言系列"在线课程进行教学改革探索。

3. 课程应用情况

"Python 语言系列"在线课程上线后，得到了学习者的一致好评，累计选课人数超过 70 万。其中，系列专题课累计选课人数超过 30 万，"Python 语言程序设计"入选首批国家精品在线开放课程。

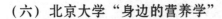

（六）北京大学"身边的营养学"

1. 课程内容

该课程以人类必需营养素的基础知识和应用技能为主要内容，面向社会完全开放。采用"随堂模式"开课，课程视频分为"基础课程视频"和"拓展视频"两部分，所有学习者必须学习基础课程视频，拓展视频供学有余力的学习者拓展学习。课程 PPT 为中英双语，讲授语言为汉语，重点词汇有双语讲解。

2. 课程改革创新

课程体系、教学内容及教学改革方法的实施有如下几种。

（1）对于课程体系的改革

本课程从学习者学习兴趣和逻辑思维的角度出发，针对各种营养素重新编写教学大纲，以生活中常见的饮食习惯、误区等"小故事"或者营养相关案例导入，引发学习者兴趣和思考，再分析为什么，继而探讨怎么做，中间将知识点贯穿进去。每节课后均设有针对课程内容的案例分析，并鼓励学生在讨论区讨论，培养理论与实践相结合的学习能力，解决问题。

（2）对于教学内容的改革

本课程的所有教学内容都在传统教学内容的基础上根据学科发展有所更新，并且融入课程团队的科研成果。同时，从学习者能力水平出发，尽量满足不同知识层次和背景的学习者需求。在拓展视频中引入了国外的优质视频资源，课程开发小组成员对此进行翻译并添加了中文字幕方便学习者学习。

（3）对于教学方法的改革

在线课程中，由于教师不能与学习者实际见面，对于学习过程的了解和管理相对困难。为了增强学习者学习的主动性，课程团队采取了如下措施：

①采取定期提醒模式。通过课程公告和邮件的形式，双重提醒学习者学习过程中的重要时间节点，如新课开放、习题开放、期末考试开放、结课提醒等。

②课程视频设置无限打开次数，方便学习者反复学习和复习。章节作业设置两次提交机会，学习者如果第一次的错误率较高，可以通过回看课程视频或者寻找相关信息，巩固知识，提高第二评价，增强学习信心。

③定期查看学习者作业和期末考试情况。进行试题解答和情况分析，了解学

习者知识技能掌握的薄弱环节，从而进行针对性的调整或强化。

④多媒体动画是学习者喜闻乐见的形式，本课程应用了大量动画。每一章节的 PPT 首页都是由课程开发小组成员手绘而成，课件内容中大量的动画视频也是由其制作而成的，具有独立的版权，受到学习者的好评。

⑤设立"最新文献分享"专栏，分享学科领域最新的相关文献和政策，不仅可以促进学习者主动性和良好的学习习惯，还可以让学习者更好地掌握课程内容，了解学科进展。

⑥形成学习竞争和激励机制。为激励学习者坚持学习，积极讨论和分享，课程开发小组建立了学习竞争机制，设立每周"营养王者榜"模块，用以表扬学习认真、作业完成好、积极参与课程讨论的学习者，形成榜样效应。上榜次数多的学习者结课成绩有一定加分。

（4）不断优化、更新课程资料和习题库

每期课程结束后收集学习者反馈信息，有针对性地更新完善教学内容，逐渐丰富和优化习题库，增加主观题数量，增强课程内容的现实意义。

（5）重视思政教育，重视综合素养培养

在授课过程中注意唤起学习者对公共卫生和预防医学工作的重视。每章均以身边发生的案例导入，引导学习者脚踏实地从身边的"小事"关注起；重视格局引领，在课程中鼓励学习者利用知识造福身边的人；引导学习者关注国家营养健康政策，比如和学习者讨论《"健康中国 2030"规划纲要》；分享《国民营养计划（2017—2030 年）》国家蓝图，引导学习者感受到责任，关注国家营养的大政方针，努力学以致用。

3. 课程应用情况

自 2015 年开始，本课程教学视频在本校内主要应用于预防医学专业本科四年级"营养与食品卫生学"课程教学，以及在校内专门开设的本科生通选课"身边的营养学"课程教学。课程采用慕课+翻转课堂的教学形式，见面课除了讨论问题外，也给教师和同学们更多实践的机会。例如，教师和学生一起到附近的超市去发现"隐藏的糖"和"反式脂肪酸"，到学校食堂去评价营养素最均衡的前十佳菜肴，到学校附属幼儿园和小学去做平衡膳食的科普讲座，到附近大学评价大学食堂的饮食结构、进行大学生营养科普活动等。活动丰富多彩，学生的实践能力得到显著提升。每学期均进行学习情况反馈，学生对教学评价很高，对于翻转课堂的教学形式增加了课堂实践的机会尤为满意。

第二节　学校层面的案例

一、西安交通大学

（一）基本情况

西安交通大学高度重视在线开放课程的建设与应用，自 2013 年起开展在线开放课程建设，到 2019 年 12 月，这所学校已经在国内外资源平台上传了 157 门在线课程，其中包括 2017 年和 2018 年选定的 31 门国家精品课程。除了鼓励分享高质量的课程资源，学校还制定政策，鼓励实行在线开放课程规范，以实现线上线下的联合教学。自 2015 年秋季学期至今，平均每学年开展 200 门次左右的线上线下混合式教学。

（二）相关政策与服务举措

1. 建立专职机构，保障日常工作

学校教务处成立信息与资源建设办公室，设置专人专岗负责在线开放课程建设与应用、教学信息化平台建设与应用、信息化教学技术应用与推广服务等工作。为持续深入推进学校的在线课程建设与应用，又由教务处牵头联合校内有关单位成立了"西安交通大学在线课程推进工作办公室"（简称"在线办"）。在线办设置主任一名，由校内积极参与在校课程建设应用的一线教师担任；副主任两名，分别由教务处信息与资源建设办公室负责人和学院青年教师担任；根据学校学科特色设立 10 名左右的常驻专家团队，由国家级教学名师担任专家组组长。在线办挂靠教务处，主要负责学校在线课程的规划、开发与质量控制，本校课程的对外推广应用，校外优质课程资源引进，课程应用与研究，以及课程运行的过程跟踪与效果评价等工作。在线办定期召开专家会议，对在线开放课程建设应用相关工作进行常态化指导和规范。

2. 出台规章制度，规范课程管理

学校根据《教育部关于加强高等学校在线开放课程建设应用与管理的意见》（教高〔2015〕3号）制定了《西安交通大学在线课程建设应用与管理办法》（西交教〔2016〕119号）（以下简称"管理办法"）。管理办法分总则、课程规划与建设、课程管理与运行、课程应用与评价、支持与保障五个方面，对学校的在线课程建设、应用、管理、评价以及持续改进等工作进行规范。

3. 协调各方资源，合力推进课程建设

在线开放课程立项后，教务处组织召开课程建设启动会，根据《西安交通大学在线开放课程建设及应用规范》文件要求为课程负责人及团队成员解读在线开放课程建设流程、规范要求及支持措施，允许课程负责人在学校招标入围的课程制作单位中选择合适的制作单位。在课程正式启动建设前，课程团队填写《西安交通大学在线开放课程制作协议》，明确课程建设内容与方式、完善课程教学设计、制订课程建设计划。该协议经在线办审核通过后，由教务处、课程所在学院、课程负责人、制作单位四方共同签署。教务处根据课程建设计划，定期检查课程建设进展及建设质量，督促课程团队及制作单位保质保量完成建设任务。此外，教务处协同学校继续教育学院共同推动优质课程资源共建共享。继续教育学院结合网络教育的课程资源需求，利用自身经费和技术优势，支持学校本科在线课程建设。课程建设完成后，在教务处推动其上线面向校内外学习者开展应用的同时，由继续教育学院根据成人在职教育特点，对课程内容、难度和实践应用重点等进行适当调整后用于继续教育的网络教学。

4. 加强平台合作，推动课程共享

根据管理办法相关规定，建成的在线课程应至少在一个校外课程平台面向社会学习者和其他高校运行推广，每学年在校外课程平台至少开课一个轮次。为此，学校加强与爱课程（中国大学MOOC）、学堂在线、智慧树、好大学在线、Coursera等平台的合作，将优质课程推向平台进行应用共享。学校持续关注课程在线上运行的质量，保证线上教学过程完整，及时为学习者提供互动交流服务。对于应用效果较好的课程，鼓励其改造后在国际慕课平台上线，面向世界各国宣扬中华文化和传播专业知识，提升学校的国际影响力。

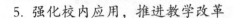

5. 强化校内应用，推进教学改革

学校每学期期中发布"西安交通大学混合式教学计划申报"通知，鼓励教师利用在线课程资源开展混合式教学。在课程资源引用方面，除了本校资源外，学校也允许教师借鉴校外优质资源应用于本校教学；在课程开展形式方面，鼓励课程团队所有成员开展混合式教学改革。教师可根据课程教学设计需要填写《西安交通大学混合式教学课程教学计划申报表》，经在线办专家会议审议通过后实施。教务处根据课程线下实际授课学时安排调整教务系统课程安排，并在具体教学过程中为课程教师提供平台技术支持和课程资源支持。

6. 规范助教管理，助理课程应用

学校支持课程负责人通过学校"三助一辅"体系为在线课程聘请具备课程相关专业知识的研究生助教，在课程负责人指导助教协助进行课程线上运行的同时，教务处协同教师教学发展中心对课程助教进行统一培训、管理、考核。在线办对新聘助教进行上岗培训，培训内容一方面是教师教学发展中心规定的助教基础知识；另一方面则是针对课程线上运行质量控制的专项内容，助教通过培训考核后方可正式上岗。在学期中间，助教定期汇报课程运行情况，并在课程一轮次运行结束后提交总结报告；在学期末，教务处根据课程运行质量监测结果、学生评价结果以及助教日常表现评选出"在线课程优秀助教"并予以表彰奖励。助教团队建设为课程面向校内外持续进行良好教学服务提供了有力保障。

7. 持续监测课程质量，提高应用效果

为持续监测上线课程质量，保证运行效果，学校定期从各主要合作平台获取课程运行数据，通过分析这些数据了解课程运行基本情况。教务处每学期面向校内公开发布课程运行质量检查通报，将已上线的课程根据检查情况分为"优秀""正常""警示"三类，"优秀"课程应继续保持课程开放服务；"正常"课程应在保证现有开放服务质量的情况下，弥补服务弱项，努力向优秀课程靠拢；"警示"课程须根据警示内容提交整改报告，教务处后续将持续重点关注课程整改情况。通过定期对课程进行质量监测和反馈改进，提高了课程的服务质量。

此外，学校发布《西安交通大学在线课程建设与应用情况评价要求》（以下简称"评价要求"），分7个子表涵盖由课程建设到课程校内外应用的各个层面，从专家、学生、管理人员等角度，针对课程在不同建设和运行时期的情况进行评价。教务处根据评价要求细则，定期对本校课程、引进课程进行质量评价，并根据评价反馈结果督促相关课程进行整改，进一步提高课程建设及应用效果。

8. 注重培训研讨，实现教学相长

"思源教学沙龙"是由西安交通大学教务处推出的教育教学改革培训交流活动。活动开展的目的是为现代信息技术与教育教学改革深度融合提供支持服务。教务处设置专人专岗，同时邀请校内外专家讲授在线开放课程建设及应用、混合式教学课程设计、"雨课堂""慕课堂"等课堂教学工具操作、常用教学软件功能及操作等内容。活动内容根据教师需求反馈不断更新，教师志愿报名参加。活动自 2017 年以来已累计举办 117 场，参与教师 1000 多人次，为保障学校在线开放课程建设质量和应用效果提供了有力支持。

二、北京外国语大学

作为中国高校外语慕课联盟的倡议发起者和理事长单位，北京外国语大学从 2017 年开始积极探索慕课建设，2018 年 11 月出台《北京外国语大学在线开放课程建设与应用管理办法（试行）》，将课程建设应用、质量监控、运行保障和效果评价纳入本科教学质量监控与保障体系；同时，持续完善教师培训与激励体系，鼓励教师通过研修提升自身素养，通过经费支持、工作量认定等措施，最终形成以"保障质量"为核心的慕课教学管理机制。

（一）组织管理

学校设在线开放课程建设领导小组，由校长担任组长，主管教学的副校长任常务副组长，教务处、人事处（包括教师发展中心）、财务处、信息技术中心、网络与继续教育学院、孔子学院工作处和外研社等相关部门负责人担任领导小组成员。领导小组办公室设在教务处，负责以下几方面工作：制订学校在线开放课程的总体规划与建设计划；组织教师培训，提高教师技术水平与信息化素养；组织在线开放课程的申报、遴选、建设、监管、验收、经费管理；管理在线开放课程的使用授权许可及应用；推动人工智能技术在在线开放课程建设中的应用。

（二）建设目标

学校制定了在线开放课程建设指导性目录，重点支持体现学校特色、优势的课程建设在线开放课程。秉持"立足优势，推动公平"的思路，坚持"公平、质量、改革"的初心，优先建设非通用语课程、"一带一路"语言文化课程。

国家"一带一路"倡议的提出需要高校具备培养多种语言人才的能力，而我国外语教育资源在高校和地区间分布极不均衡。目前，北京外国语大学开设了经教育部批准允许开设的 101 个语种课程，并将建设成果通过中国高校外语慕课平台辐射更多学校，努力改善资源分布不平衡的现象。北京外国语大学已上线和建设中的课程共覆盖 9 个语种，未来计划覆盖所有与我国建交国家的官方语言，推动教育公平，助力新型国际化人才培养。

（三）课程建设与验收

教务处要求在线开放课程负责人每两个月向学校提交一次课程进度表。各学院对课程建设提供相应支持并加强监管，学校也不定期抽查各课程组视频拍摄制作情况。在线开放课程建设周期为一年，课程制作完成后，由学校组织专家进行验收结项。验收结果分优秀、合格、不合格三种，验收结果优秀的课程，授予"校级精品在线开放课程"称号；验收不合格的课程限期整改。

（四）课程应用

校级在线开放课程通过验收后，课程负责人须在校内教学实践中积极应用并持续完善课程，开展线上线下相结合的混合式教学。使用在线开放课程实施校内 SPOC 教学的课程负责人，所开课程的教学计划须向教务处报备。课程大纲中应明确线上学时和线下学时的分配方案、学生线上考核与线下考核的成绩比重。首次以在线开放课程形式在校内开设的课程，教学计划须经教务处组织专家进行审核，通过后方可开课。在校内教学中，在线开放课程负责人须向学生明确说明课程主要内容、学习要求、在线学习方法及考核方式、考核要求等。学校将认定的在线开放课程纳入培养方案，对课程学分进行统一认定。

（五）课程评价

学校将在线开放课程建设应用、质量监控、运行保障和效果评价纳入本科教学质量监控与保障体系，并将在线开放课程的学生评教工作纳入本科生课程评教体系。学校组织教学督导、教学专家对在线开放课程教学进行检查与指导，及时发现课程存在的问题并督促课程负责人予以解决，保障教学质量。

（六）保障措施

为有效调动教师的积极性，保障课程质量，学校规定，申请采用在线开放课程实施教学模式改革的课程负责人，经申报校级教学改革立项并获批后，学校给予专项经费支持，包括课程设计、资料收集、课程制作、教师经费等费用。验收结果为优秀及合格的在线开放课程，额外给予运行资助经费。同时，学校从校级精品在线开放课程中择优遴选，推荐申报国家精品在线开放课程。入选国家精品在线开放课程的课程，学校给予经费奖励。

在线开放课程通过验收后，须在教务处指定的平台开课，开课后在线指导学时不低于总学时的 30%。首轮开课，教师工作量按普通课程教学时数的 3 倍计算，第 2 轮开课按两倍计算，第 3 轮及以后开课按 1 倍计算。在校内进行授课的SPOC，教师课堂讲授学时不低于 50%。首轮开课，教师工作量按普通课程教学时数的 3 倍计算，第 2 轮及以后的工作量按 1.5 倍计算。工作量课酬按学校标准从专项经费中支付。工作量及折合标准在教师职称评审、晋级等考核中视同有效。

三、首都师范大学

（一）政策规划

根据教育部和北京市教委相关文件的精神，学校制定了《首都师范大学2016—2020 年事业发展规划》《首都师范大学关于积极推进在线开放课程建设的意见》（校发〔2014〕40 号）、《首都师范大学"十三五"期间本科教学信息化建设方案》（校发〔2016〕107 号）和《首都师范大学落实〈北京教育信息化三年行动计划（2018—2020 年）〉实施方案》等文件，探究本科教学信息化发展规律，促进信息技术与教育教学深度融合，推进线上与线下相结合的混合式教学模式改革，推动教学范式转型，即由以教师教为中心向以学生学为中心转变，进而探索人才培养的新思路、新举措。

（二）保障体系

建设在线课程，推动在线课程应用于教学，关键在于保障体系的建设。由此，学校建立起由组织保障、制度建设、经费投入和在线教学平台等多个方面构成的保障体系。

（1）学校成立本科教学信息化工作小组，由本科教学主管校长担任组长，教务处等主要部门的人员作为组员，凝神聚力，统筹发展。教务处成立信息科，推动在线课程建设与应用，促进教学范式转型。

（2）研究和借鉴国内知名高校相关规章制度，建立在线课程建设与应用标准体系，通过《首都师范大学在线课程建设标准（试行）》《首都师范大学在线课程建设与运行管理办法》和《首都师范大学在线课程服务社会管理规定（试行）》等文件指导在线课程建设与应用，通过《首都师范大学本科课程教学质量评估标准与实施办法》引导自主学习与混合式教学的发展，实现了立项统筹化、建设专业化、验收标准化、教学革新化、评价制度化。

（3）确定"十三五"期间建设1000门SPOC、50门慕课的目标，学校将教学经费倾力投入在线课程建设，每门课程按照8万元的标准进行支持，并引导一流学科、一流专业支持在线课程发展。

（4）学校建立起多层次的在线教学平台体系。本科教学以"师星学堂"（校内在线教学平台）为主，支持利用SPOC开展混合式教学及在线自主学习；以BB网络学堂为辅，支持教师开展信息化辅助教学；以数字资源云平台为拓展，服务师生；以爱课程（中国大学MOOC）平台和北京高校优质课程研究会平台为引领，推动优质慕课共享，服务社会。

（三）在线课程建设与应用

1. SPOC建设与应用

围绕在线课程建设与教学应用，学校建立起立项、建设、验收、遴选、培训、应用与研讨的一体化管理体系，支持在线课程发展。目前，通过验收的SPOC课程近300门，每学期开课150门，历年建设及在建的SPOC课程共计600门。

遵从质量优先、持续改进的原则，优化通识教育体系、结构，学校从通识教育改革入手开展在线自主学习改革。学校美育研究中心统一建设美育SPOC课程（H门），并纳入2016年本科人才培养方案的通识选修课组，提倡学生在线自主学习。美育课程得到了学生的广泛认可，选课人数从初期1000人/学期增长到如今2000人/学期，合格率达到95%，优秀率达到45%。

2. 慕课建设与应用

学校建立起慕课遴选与持续建设工作机制，由校内与校外专家组成专家组，联合在线开放课程专家，共同对每年建成的 SPOC 进行审核，将优质 SPOC 推荐到在线开放课程平台，并且学校给予经费支持。

目前，学校开设慕课合计 53 门。其中，在爱课程（中国大学 MOOC）平台开设 43 门，北京高校优质课程研究会平台开设 16 门，教育学、心理学、艺术学、文学等慕课课程群逐渐形成，学习者对课程给予了高度评价。

学校还引入 90 门优质慕课，纳入 2018 年本科人才培养方案的通识课组，并且每门课授予 2 学分。学生对慕课学习适应良好，以 2018—2019 年的一个学期为例，学生慕课成绩的优秀率达到 50% 以上。

3. 教育信息化环境建设

学校通过规划和建设在线教学平台项目、综合教务系统项目、智慧型教室项目、本科教学质量监测平台项目等，提高教学管理能力，构建支撑混合式教学及在线自主学习开展的信息化环境，推动教学范式转型。

2018 年，学校建成智慧型教室 20 间，包括智慧教室、精品录播教室、研讨式教室、微课多功能教室、创客教室、会议型教室，服务在线课程录制，鼓励与支持探究式教学和混合式教学的开展。同年，学校引入"一平三端"、雨课堂等智慧教学工具。

4. 辅助体系建设

学校推动"现代教育技术及应用""信息技术教育学科教学法""信息化教学资源设计与制作"等通识类信息素养课程建设，支持"数字资源的设计与制作""小学信息技术教学设计与实施""教育技术学研究方法"等专业课程建成在线课程，鼓励教师开展混合式教学，提升学生的信息化素养与能力。

学校建立支撑混合式教学及在线自主学习开展的培训体系，引入高水平校外培训，建立校级、院系级二级培训与研讨机制；利用教改项目支持教学改革，培育校内混合式教学名师；整合信息资源，为教师、学生提供全程指导；鼓励教师利用在线平台和智慧教学工具开展教学改革。

四、青海大学

（一）课程建设

青海大学在慕课建设中本着重应用的原则，自建"电工基础与电子设计""丝路南线民间文学"两门课程，并筹备建设"三江源生态"课程。2017 年 8 月"电工基础与电子设计"慕课在"学堂在线"上线，为省内首门上线慕课。目前，该课程在"学堂在线"已完整运行三轮，选课人数超过 15，000 名。基于"电工基础与电子设计"慕课和雨课堂教学工具的应用而进行的混合式教学实践探索入选教育部产学合作协同育人项目。该项目在全校 32 个班级近 1500 名学生的电工电子课程开展线上线下相结合的混合式教学实践，取得了良好的教改效果。2018 年 4 月，"丝路南线民间文学"慕课在"学堂在线"上线，共有来自 34 个省级行政区的学习者选课，选课人数达 11，000 人，省外人数比例占 84.3%；同时该课程在"首届中国大学慕课精彩 100 评选活动"中脱颖而出，荣获"中国最美 MOOC"一等奖。

（二）制度建设

学校制订出台了《青海大学混合式教学改革试点工作方案》，全面多维推动课堂教学、评价体系改革，将混合式教学引向深入。重点支持 8 项在线教育和混合式教学改革研究，2017 年教务处牵头开展了"在线教育及混合式教学发展保障制度研究"，探索构建具有地方高校特色和优势的在线教育及混合式教学发展模式。

（三）SPOC 平台使用

学堂在线免费为学校提供 SPOC 平台，先后搭建 30 余门课程，为学校推动在线教育改革提供了平台和条件，目前学习门次达 39 门次；同时开设了 4 门教师网络培训课程，选课人次达 5587 人次。

五、昆明理工大学

2014 年，昆明理工大学开始立项建设在线课程，并以此为基础开展混合式教学。在教学创新探索中，学校选用"学堂在线"平台上的"计算机文化基础"

"生活英语听说""通用学术英语"等课程，并充分利用雨课堂等工具开展线上线下混合式教学实践。目前，学校建设慕课52门，每门课程投入建设经费15万元，课程建设数量和质量均居云南省首位。已有28门课程上线"学堂在线"等平台，省外选课学校超过250所，选课学生超过14万人。其中，"C君带你玩编程"是云南省首门上线"学堂在线"的课程，已被深圳大学、贵州大学等学校认证为学分课，获"首届大中华区优秀慕课选拔赛"团体奖铜奖，入选2018年国家精品在线开放课程。同时，学校与"学堂在线"合作，启动"智慧教学"教育教学改革与研究项目，并建设了70门"雨课件"。此外，学校还入选教育部在线教育研究中心2017年"混合式教学试点单位"，荣获2018年"智慧教学示范项目""在线课程建设与应用示范案例""慕课+教学实践奖"。

六、贵州理工学院

贵州理工学院自2013年建校伊始，便积极推进混合式教学模式改革。学校坚持以学生学习成果为导向，全面构建和实施CI—CDIO—OBEI工程教育模式，以点带面，启动了以慕课、翻转课堂等为代表的混合式教学模式改革。学校于2015年启动在线开放课程建设工程，通过选派课程团队负责人和主讲教师到清华大学、汕头大学等高校进修培训，带动了大批教师投身于线上教学事业。2016年6月，开始实施基于雨课堂的混合式教学模式改革。

为进一步深化教学改革力度，不断提高教师信息化水平，实现信息技术与教育教学深度融合，2018年6月8日，学校下发《贵州理工学院关于进一步加强课堂教学信息化应用实施方案》，提出了"雨课堂+"的建设思路，明确了考核标准和奖惩措施。

通过实施混合式教学改革，提升了教师信息化环境下的执教能力，创新教学模式，构建多元化、多维度的人才培养质量评价体系，推动了课程建设。目前，全校近800名专任教师在220个班级全部实施了基于慕课的混合式教学模式改革与实践，参与学生已达14,400余人。利用云平台与学生进行线上线下互动学习交流，提高了学生的学习积极性和学习质量。截至2018年4月底，贵州理工学院雨课堂注册用户数已达20,360人次，在全省排名第一。

第三节　在线开放课程平台推动课程建设及应用的案例

一、爱课程"教师教学能力提升 MOOC"项目

慕课的出现，为教师培训的开展提供了一种新的解决方案。2014 年 7 月，北京大学汪琼教授在爱课程（中国大学 MOOC）平台先后开设"翻转课堂教学法"等 3 门教师教学能力提升慕课，获得广大一线教师的热烈欢迎。在总结 3 门慕课课程开发及在线培训经验的基础上，结合对国际教师培训慕课的调研情况，爱课程（中国大学 MOOC）于 2015 年启动"教师教学能力提升 MOOC"项目，旨在通过立项的方式邀请全国优秀专家、学者自主研发教师教学能力提升的专题慕课，并逐步构建相对系统的教师教学能力提升课程群，在国内首创性地以慕课课程群的形式进行教师培训课程的建设与运营，为广大一线教师教学能力的提升提供便捷、有效的解决方案。

自 2015 年 10 月起，该项目组织包括北京大学、浙江大学、华东师范大学、南京师范大学、华南师范大学、西北师范大学、广州大学、南宁师范大学等多所学校教育技术学和教育学领域的优秀团队，共计 200 余位专家、教授和一线教师参与课程建设。5 年多时间内，先后开展 4 期项目建设，逐步构建了相对系统的教师教学能力提升慕课课程群。目前，已建设并上线运营 46 门课程，涵盖教学方法、教学能力、信息化教学、职业素养等方面的内容。截至 2019 年底，其中的 15 门课程入选"国家精品在线开放课程"。

该项目系列课程在建设与运营过程中，形成了鲜明的特点。该项目系列课程不同于师范教育课程，而是专门为一线教师量身设计开发，每门课程持续 5 ~ 8 周，每周需要 4 ~ 6 小时的学习时间；课程内容聚焦教师教学能力的某一专题或热点问题，突出问题导向和行动导向；课程设计重在对实践案例的分析和成功经验的提炼，能帮助一线教师更好地理解和应用相关理论、原则和方法，推动教学反思，解决教学困惑；课程任务量适度，理论讲解和教学实践相结合，强调实用性；充分重视讨论和交流活动，鼓励学员提出问题和分享案例。

截至 2019 年底，该项目 46 门课程累计学习人次接近 200 万，通过课程考核的学员超过 10 万人次，学员遍布全国。据问卷调查显示，学员对课程质量的评价打分平均值为 4.5 分（满分 5 分）以上，有近九成的学员认为课程对自己有较大或者非常大的提升，有 99% 的学员愿意将本课程推荐给自己的同事和同学。

二、爱课程（中国大学 MOOC）推动多样化课程应用

爱课程（中国大学 MOOC）整合平台上运营的 8000 多门全学科、全类型优质课程资源（含 1000 余门国家精品在线开放课程），结合学校云、慕课堂的服务，推出高校在线教学解决方案，助力全国高校教师科学、有序、高效地用好在线课程，循序渐进地开展在线教学。在高校在线教学解决方案中，将慕课课程资源与 SPOC、慕课堂等教学服务配置为"慕课+慕课堂""慕课+认证学习""SPOC+慕课堂"等不同的应用方案，每种方案适合不同的教学场景，供高校和教师根据校情、学情自主灵活选择。

（一）案例 1：慕课+慕课堂

大连理工大学"无机化学"课程教学团队，基于本校所建设的国家精品在线开放课程"无机化学（上、下）"，结合慕课堂开展校内混合式教学。

在 90 分钟的课堂教学中，教师首先回顾上次课的内容，并在前测部分使用慕课堂检验学生线上学习成效。根据学生反馈，帮助学生发现并解决学业问题。在学习部分，则将教师讲授与案例教学、参与式教学相融合，让课堂教学"活起来、火起来"；并适当安排后测，检验当堂学习效果。最后，教师对课程内容进行总结，并布置课下学习任务。课后，学生进行自主学习，完成作业，阅读参考书，思考、绘制知识点框架结构图。教师则利用慕课堂的数据视图对学生的线上、线下学习数据进行汇总分析，对学习有困难的学生进行个性化辅导，为学有余力的学生提供大学生创新实验项目等实践拓展项目。

考核采用慕课堂测试 10% +课后作业 10% +期中（闭卷统考）30% +期末（闭卷统考）50% 的形式。学生线上学习的效果通过慕课堂进行测试，以掌握、理解知识为目标，以"参与率"作为给分标准，以"正确率"作为主讲教师了解学生学习情况、对学生进行个性化培养的依据。此外，教学团队在期中考试和慕课堂测试中，还增设了大量的不定项选择题，提升考核的难度，让学生"跳一跳"才能学得好。经过两年的教学改革实践，针对学生的知识传授和能力培养均

取得了很好的效果。采用混合式教学之后，课程考核通过率远超过传统教学方式的通过率。

（二）案例 2：异步 SPOC+慕课堂

浙江工商大学引进了国家精品在线开放课程——重庆大学"电子商务"，以"SPOC+慕课堂"的形式开展混合式教学改革，充分利用国家精品在线开放课程的优质资源，结合本校特点重构教学流程和评价机制，学生学习积极性和学习效果显著提高。以异步 SPOC 的方式引进优质课程资源后，课程团队根据本校教学实际情况进行了课程内容重构，设计了认识电子商务、解密电商支付、加速电商物流、透视网络交易 4 个单元，安排学生在线完成理论学习，包括视频学习、随堂测验和单元测验。

线下学习则安排了 8 学时的实验课、6 学时的研讨课、4 学时的课程导引和结束、18 学时的课堂授课。将理论学习与商业实践相结合，引入世界 500 强企业案例，研讨物流解决方案，提升学生的综合能力。建立学习小组，完成实验项目，促进理论与实践结合，进一步内化所学知识和技能。课堂中使用慕课堂完成签到、点名、讨论、练习和测试等内容。在慕课堂的支持下，课堂教学手段形式多样，有国际物流案例研讨、流程模拟和物流解决方案开发等，增加了课堂互动环节，活跃了课堂气氛，很受学生的欢迎。课后通过线上 SPOC 课程提供拓展资料，引导学生课外自主学习；利用 SPOC 讨论区，将互动从课堂延伸到课外，引导学生进一步总结和深入思考。考核采用过程性评价机制，课程考核标准设置为：线上学习 30%（观看视频、自测、参与讨论等），线下学习 40%（其中课内实验和考试 40%，平时到课率 10%，依托慕课堂的讨论、测验和互动 30%，b 组作业 20%），期末考试 30%。

在开展混合式教学之后，教学质量显著提升。95%～100% 的学生获得课程学分；学生积极参与校内物流大赛、电子商务比赛，40%～50% 的学生在比赛中获奖或是获得创新学分；10%～20% 的学生在省赛、国赛中获奖；5% 左右的学生进行电子商务创业。

三、学堂在线"训练营"项目

"训练营"项目的开设基于学堂在线对新的教学模式的探索，致力于解决在线学习"难坚持、难学会"的难题。项目强调学习过程把控，在形式上侧重于实战，让学员在动手和实践中理解理论并掌握学科核心技能。

目前，学堂在线已上线 5 个"训练营"项目，包括：（1）与清华大学合作的"CS 精英挑战营"。它涉及 CS 中程序设计、数学思维、算法与数据结构三大核心领域。该项目于 2019 年 5 月首期开设，已开设两期，参与学员 300 余名。（2）"算法训练营"。它面向计算机、人工智能等相关专业的学习者，理论和实践并重，注重培养算法思维和解决实际问题的能力。从 2018 年 6 月至今，已经开设 6 期，参与学员近千人。（3）"C++训练营"。它面向 C++入门学习者，自 2018 年 8 月份以来，已开设 4 期，学员近 400 人。（4）"高级机器学习训练营"。它旨在培养面向未来的 AI 人才，于 2019 年 12 月底首期开课。（5）"社会网络分析训练营"。它主要介绍社会网络研究的基本概念、原则和理论，通过大量的经典研究和最新案例传授如何收集、测量社会网络数据以及社会网络分析软件 Ucinet 和 Netdraw 的运用，于 2020 年 2 月开课。

学堂在线还和清华大学、北京邮电大学分别合作开设了"清华大学数据科学认证证书""清华大学公共管理认证证书""北京邮电大学人工智能能力认证证书"等证书项目。证书项目需要学习者在按照课程要求完成项目中课程的学习和习题、通过期末在线考试后，再完成实践课题，即可申请相应高校的认证证书。

四、智慧树助力"慕课西行"

2018 年 10 月，由华东理工大学化学与分子工程学院徐志珍教授主讲的"无机化学"课程作为国内率先试点的同步课程正式开讲。该课程依托智慧树捐赠的沉浸式远程直播互动教室得以展开。由此，华东理工大学的"无机化学"课程原汁原味地被"搬"到喀什大学，西部学生可以与华东理工大学学生在祖国的不同地点、同一时间同上一门课，学习东部优秀的专业基础课程。

"无机化学"是难度较大的一门课程，在试点初期进行的一次两校摸底测试中，喀什大学只有 7 名学生及格。由此，徐志珍老师增加了习题课，为喀什大学学生讲解重点难点。同时，该课程还以"无机化学"慕课的形式，依托智慧树课程平台与喀什大学实现共享，让学生不仅可以在课堂上学习，还可以充分利用课后的时间在线上自主学习，对所学知识进行巩固。除此之外，徐志珍老师挑选了 10 名优秀的华东理工大学学生对喀什大学学生进行帮扶，从学习、生活和人生规划等方面与喀什大学同学进行交流。在期末测试时，喀什大学学生的成绩合格率为 67%，良好率为 27%，有 15 名学生得分在 90 分以上，成绩优于往届。同时，华东理工大学上该课学生的期末成绩，优秀率为 24%，合格率为 87%；学生们还从帮扶中提高了社会责任感和民族责任心。

迄今为止，"无机化学"同步课堂已运行三个学期，直播 87 次，实施了 174 个学时的教学。从 2019 年 9 月开始，该课程还辐射到了新疆石河子大学，形成了华东理工大学、喀什大学、石河子大学三校联动同步上课的模式，进一步扩大了该课程的影响。国内多家主流媒体，如《解放日报》《新闻晨报》、光明网、央广网、东方卫视等对同步课堂进行报道。

五、"复旦通识"在线课程

复旦大学与超星集团于 2017 年起开展深度战略合作，共同打造"复旦通识"在线课程。截至 2019 年 12 月，已建设 50 余门在线课程，全国共有 1000 余所高校 350 多万人次修读。由此，复旦大学通识教育的优质资源和实践经验向校外广泛传播，惠及全国广大高校师生。

双方围绕高水平在线课程建设、运行和研究，以及基于移动的教学活动设计和学习评价、新形态智慧空间建设、教师教学发展平台应用和教师教学研修培训资源建设等问题，通过共享推广渠道、整合双方资源等途径，实现构建复旦大学高水平在线通识课程、完善通识课程形态、提升通识课品牌价值等目标。双方以复旦通识教育核心课程为基础，综合考虑师资力量、教师意愿、助教团队、课程形态、推广价值，共同策划及推进高水平在线通识课建设，确保课程质量；制定相关激励政策与管理制度，组建研究团队，对国内外主流在线通识课的课程形态及应用形式进行研究，制定符合国内实际需求的在线通识课程建设标准、运行标准与评价体系，并对课程运行数据进行分析。

复旦大学和超星集团计划建设 80 门高质量的在线通识课程，实现复旦通识课程建设成果惠及更多高校师生。预计到 2025 年，双方将建设完成体系完整、内涵丰富的"复旦通识"在线课程体系，助力中国大学通识教育的深入开展。

六、中国高校外语慕课平台课程体系建设

中国高校外语慕课平台（UMOOCs）是依托中国高校外语慕课联盟的慕课平台，也是高校专属的外语在线课程平台。平台有注册用户 130 万人，课程使用院

校 520 余所,上线优质语言文化类课程 122 门,其中有 10 门课程被认定为学分课,支持近百所院校进行线上线下混合式教学。平台还与"学习强国"学习平台、美国教育考试服务中心(ETS)以及职场社交平台 Linkedln(领英)达成战略合作,在课程建设、应用等方面取得长足进步。

课程体系建设体现了该平台的学科视野与专业特色。平台本着服务国家战略、服务本科教育、服务人才培养的宗旨,依据《外国语言文学类教学质量国家标准》《大学英语教学指南》等重要文件,并广泛征求专家意见,逐步确定了在线开放课程体系,包括:(1)8 个语种板块——英、日、俄、德、法、西、阿、其他语种,(2)12 个课程方向——语言技能、语言学、文学文化、翻译、商务外语、国别区域、专门用途、语言测试、通识教育、研究生外语、职业教育、教师发展,(3)6 个特色专题——"一带一路"语言文化、外语话中国、汉语国际教育、国际人才、国际名校精品课程、国家精品在线开放课程。

这一课程体系为培养学生正确的价值观,提升学生语言能力、思辨能力和创新能力提供了丰富资源,为培养具有国际视野和中国情怀的新时代复合型、复语型国际化人才提供了有力支撑,也为高校外语在线开放课程建设提供了选题引导。同时,作为国内唯一的外语语言与文化专业慕课平台,为打造一流外语课程,平台的运行单位北京外研在线数字科技有限公司发挥多语种编辑力量,深度参与到多语种、专业性较强或影响力较大的课程建设中,从课程内容、课程大纲、教学方法、视频形式、文本设计等方面与教师共同探讨,保证课程质量。同时,先后确定了在线开放课程选题申报和评选上线流程。注重课程的思想性,遵守三审、三校和质检流程,以及重大选题送专家评审的相关流程;鼓励同类课程开发各具特色,避免重复建设;严把线上课程出口关,逐步成为汇聚和打造外语慕课"一流课程"的重要基地。

七、文华在线"课研工坊"产学合作模式

2016 年 9 月,东莞理工学院与北京文华在线教育科技股份有限公司(简称"文华在线")正式签署战略合作协议,共建"东莞理工学院—文华数字化课程中心",建设提供课程数字化技术和全流程服务、推动学校教育教学改革的数字化课程中心和混合式教学实验基地,共同探索适合校内本土教育教学的改革模式。

（一）构建教师"创课"空间，打造混合式教学实验基地

1. 构建教师"创课"空间

校企共建支撑课程研发的"创课"空间，为教师提供"将优质教学内容转化为数字化课程"的技术、平台和人员服务。教学设计团队协助教师对原有课程进行解构，依据课程内容、特点和教学需求设计制作微课教学视频，满足新时代学生碎片化、移动化、泛在化的学习需求。东莞理工学院—文华数字化课程中心有序推进学校 2018 年校级质量工程项目、"翻转课堂"示范课程、专业核心课程群、全英文教学示范课程、通识公共选修重点课程等项目的建设工作。截至 2019 年底，已承接 106 门课程的立项建设工作，已完成建设 40 门，正在建设 28 门，筹建 38 门。

教师"创课"空间出品的在线课程涉及工程、计算机、教育、经济管理、法学、外语、文学历史、思想政治 8 大类专业重点课程，全面带动校内课程数字化改革。

2. 打造混合式教学实验基地

东莞理工学院将教学改革的研究重点放在混合式教学设计上，基于在线课程（校内 SPOC）、优学院教学云平台与传统课堂进行融合创新，进一步推动在线课程在学校的应用。数字化课程中心提供的教学云平台支持教师自主建课、设置课程考核方案与教学计划、布置作业、发布测试等，实现对教学过程的全过程管理，配套的优学院 APP 可以实现点名、问答、投票、分组、打分等课堂教学信息化支持。

东莞理工学院用于混合式教学实践的在线课程资源主要有两种：第一种是学校通过数字化课程中心连接企业和外校资源，将优质在线课程资源引入校内，以 SPOC 形式落地。例如，由文华在线与武汉工程大学共同推出的"创业基础"课程，该课程入选教育部 2018 年度国家精品在线开放课程。第二种是在线课程由本校教师自主建设，结合本校人才培养方案和课程目标建设完成，此类课程目前有 162 门。以"中国近现代史纲要"课程为例，该课程已应用了 6 个学期，学习次数共计 128，106 次。

（二）混合式教学模式初步取得成效

经过长期实践，学校探索总结出了三种适合不同课程类型的混合式教学模式。第一种是掌握学习模式，适合公共基础课；第二种是技能训练应用模式，适合实验实践类课程；第三种是研究探索模式，适合专业课。总而言之，东莞理工学院的混合式教学实践就是结合课程特点与教师教学风格，将随堂练习、技能实操、案例研讨与在线课程按照不同比例进行混合，以实现最佳教学效果。

（三）"课研工坊"模式优势渐显

2018年，在"教育部产学合作协同育人项目对接会"上，东莞理工学院—文华数字化课程中心由于其在在线课程建设与混合式教学应用实践中的突出表现，入选"产学合作协同育人项目优秀案例"。目前，数字化课程中心创建了20多个师生沟通群，为全校562名教师、14，719名学生提供及时、有效的运营支持服务。

第四节　在线开放课程相关组织推动课程建设及应用的案例

一、中国高校计算机教育 MOOC 联盟

（一）联盟简介

2014年，教育部高等学校计算机类专业教学指导委员会、软件工程专业教学指导委员会、大学计算机课程教学指导委员会联合我国多所高校发起成立了"中国高校计算机教育 MOOC 联盟"（以下简称"CMOOC 联盟"）。随后，高等学校动画与数字媒体专业教学指导委员会也加入了联盟。CMOOC 联盟致力于积极倡导、引领和推进慕课建设，促进计算机教育的创新改革，提高计算机教育的质量，推动教育公平；在全国范围内开展慕课的建设与应用，形成了具有中国特色的慕课教育教学模式，推动了我国高校计算机类慕课的建设与教学改革创新，为更多专业开展慕课教学起到了示范带头作用。

CMOOC 联盟现有成员高校 500 余所，联盟的省级工作委员会已覆盖全国 25 个省（自治区、直辖市），每年培训教师超过 50，000 人次，1000 余名教师参与联盟各类活动的组织工作，为我国 600 余所高校的 10 余万名教师提供优质慕课资源。

（二）CMOOC 联盟推动计算机类慕课建设取得显著成绩

联盟通过发布建课指南、遴选"联盟建设课程"的方式，对慕课资源进行整体规划，突出课程体系的概念，不断提高课程质量、扩大课程影响力。对于遴选出来的"联盟建设课程"，联盟从以下方面全力培育：为课程的拍摄与制作提供资金和人力支持，为上线课程提供技术支持；借助会议、培训等多种方式传播课程建设与应用经验；支持课程主讲教师组建"课程工作组"，开展线上线下的教学交流活动。

从 2016 年开始，联盟在"联盟建设课程"范围内评选"联盟优秀课程"。其遴选标准包括：课程内容先进，符合教学指导委员会制定的教学规范，体现国内计算机教学改革的新动向；教学方法得当，具有推广价值；社会影响显著，课程在多所高校得到应用，有效支撑了高校课程教学改革工作。

（三）CMOOC 联盟多层次推进慕课应用取得积极成效

联盟通过试点学院建设、西部行、优秀案例评选等多种方式，推进计算机类慕课的广泛应用。

自 2015 年起，CMOOC 联盟与大学计算机课程教学指导委员会联合实施了"中西部高校 MOOC 课程改革试点项目"，分别在 30 多所中西部高校推广慕课教学应用，以优质慕课资源帮扶中西部高校，致力于解决教育资源不充分和发展不均衡问题，取得了可喜成就。在单门课程试点的基础上，CMOOC 联盟启动了计算机类专业教学改革试点工作，开展慕课试点学院建设。2016 年，联盟在成员高校中遴选了 13 个试点学院，首批支持 12 个"计算机相关专业慕课教学试点学院"（以下简称"试点学院"）建设；2019 年启动第二批试点学院建设，探究以"MOOC+SPOC+翻转课堂"为核心的教学改革和教学管理服务在不同类型高校的共性与差异性。

在"联盟建设课程""联盟优秀课程"评选的基础上，联盟于 2017 年适时启动了"联盟优秀翻转案例"评选。"联盟优秀翻转案例"源自联盟 500 余所高校大量一线教师在实际应用慕课于教学过程中自创的案例，重在对线上线下混合式教学实践的探索，特别是对翻转课堂教学案例的挖掘。

二、浙江省高等学校在线开放课程共享联盟

（一）联盟简介

2016 年 12 月，在浙江省教育厅的指导下，浙江大学、浙江广播电视大学、浙江省教育技术中心等高校和单位发起成立了"浙江省高等学校在线开放课程共享联盟"。联盟以面向"互联网+"时代高校人才培养需要，促进联盟成员间优质课程资源共建共享，提高课程教学质量，创新人才培养模式，探索建立质量优良、投入多元、权责清晰、利益共享、开放包容、充满活力的浙江线上大学为宗旨。其主要职责是：组织开展优质在线开放课程建设，建设互联互通的在线开放课程平台，制定保障联盟持续运行的规章制度，推动优质在线开放课程的跨校选用、学分互认，推动联盟内高校的课堂教学改革，为社会公众推荐可免费使用的优质在线开放课程。

（二）稳步推进在线开放课程建设与应用

1. 完善联盟的运行管理机制

联盟成立以来，依据《浙江省高等学校在线开放课程共享联盟章程》定期召开联盟理事、常务理事、理事长会议，聚联盟各方之力对课程建设、管理机制、共享应用、学分互认等工作统筹谋划，先后出台了《浙江省高等学校在线开放课程共享平台共享管理办法（征求意见稿）》《浙江省高等学校在线开放课程共享平台运行管理办法（试行）》《学分银行在线开放课程学习档案库建设说明》等文件。

2. 稳步开展在线开放课程建设与应用

联盟按照"先建设，后应用，再认定"的方式开展在线开放课程建设工作，着力提高课程质量，推动课程资源的跨校共享应用。在线开放课程建设周期要求为两年，一年为学校课程建设周期，一年为上线应用周期，之后再对课程进行认定。由此，浙江省高校在线课程分为三类，见表6-1。

表 6-1　浙江省高校在线课程类型

课程类型	定义
在线课程	指各高校遵循"课程建设保障机制"发布到平台的在建课程，仅适用于校内 SPOC 教学
在线开放课程	指前述在线课程在立项后，遵循"课程运行保障机制"在课程共享联盟范围内面向学习者，进行课程共享、学分互认的在线课程
精品在线开放课程	指通过对前述在线开放课程进行课程质量评价，遴选出的面向全社会开放的优质在线开放课程

相应地，在线课程质量保障体系由以下三个环节构成：

第一个环节，课程建设保障机制。制定在线课程建设标准及管理办法，所有建课教师和建课学校都应遵守此标准及管理办法，确保在线课程科学、规范。

第二个环节，课程运行保障机制。制定在线开放课程运行管理办法，所有选用在线开放课程的学校必须保证教学条件，按照教学运行标准组织教学过程，保障课程教学有序运行。

第三个环节，课程质量评价体系。制定在线开放课程评审管理办法，组织开展在线开放课程质量评价，遴选优质在线开放课程，同时对课程建设与运行起到指导性的作用。

根据浙江省教育厅的要求，联盟组织开展了多次省级精品在线开放课程遴选工作。分层分类推进优势特色学科专业的在线开放课程群建设与应用，鼓励跨校共建优质公共基础课、专业基础课和创新创业类课程，切实提高浙江省高等学校在线开放课程的建设水平。

三、粤港澳大湾区高校在线开放课程联盟

（一）联盟简介

2018 年 11 月，中山大学、华南理工大学、暨南大学、华南师范大学等 11 所高校联合发起成立粤港澳大湾区高校在线开放课程联盟的倡议。2018 年 11 月 24 日，在广东省教育厅的指导下，联盟正式成立。联盟现有成员高校 63 所，其中有港澳高校 5 所。联盟成立以来，积极整合粤港澳优质课程资源，助力粤港澳大

湾区高等教育集群发展。

粤港澳大湾区高校在线开放课程联盟秉承"开放·共享·创新"的理念，在联盟的平台建设上采用多平台合作方式，得到国内主流慕课平台的大力支持，联盟门户系统实现了跨平台统一认证、多维度课程搜索、全方位数据分析的课程选、学、用一站式服务。目前，联盟上线课程达 1500 多门，集聚了爱课程（中国大学 MOOC）、学堂在线、智慧树等慕课平台的优质资源，课程面向联盟高校免费开放、共享，形成兼收并蓄、共赢多赢的生态体系。

（二）推动粤港澳高校联络融通

粤港澳三地高校各有所长、合作空间广阔，以慕课为切入点，能够跨越地域、时空限制，逐次带动三地高校课程建设、课程互选、学分认定、师资互通、模式互鉴等各层次合作，构架教学理念、教学方法、教学模式融通的桥梁，促进学生、师资、教学和学术的交流融合。

联盟开展了多种形式的交流活动，促进三地高校的沟通互动。例如，组织召开广东省在线开放课程建设与应用研讨会、粤港澳高校智慧教学与"金课"建设研讨会等多场大型会议，通过培训、交流、研讨的方式提高成员高校管理部门和广大教师的建课、用课和管课水平。

（三）在线课程建设多措并举，取得积极成效

联盟在课程建设方面采取标准先行、政府规划、多校共建、建改并举、建引结合的举措，建设体系化、结构化的专业慕课群和具有湾区特色的优质通识慕课。

（1）标准先行。联盟致力于建立健全三地在线开放课程对接机制，制定在线开放课程建设标准、上线标准，规范粤港澳大湾区高校在线开放课程建设与应用；鼓励粤港澳大湾区高校发挥各自学科专业优势，共建共享优质在线课程。例如，制定了《粤港澳大湾区高校在线开放课程联盟课程建设、上线与运行管理办法（试行）》《粤港澳大湾区高校在线开放课程学分认定实施办法（征求意见稿）》等。

（2）规划共建。广东省教育厅主动规划，牵头组织相关高校共建体系化、结构化的在线开放课程，列入省级质量工程项目。目前，已经立项建设包括新工科、新师范、新农科、卓越医生、卓越法治、卓越新闻人才培养等 10 余大系列 85 门课程，不仅汇聚了各校优质资源，共建系列化的优质专业主干课程，也避

免高校各自为政、减少资金的重复投入，还便于专业课教师获得共享资源。

（3）建改并举。积极开展培训工作，鼓励教师对原有精品课程进行改造，对达到在线开放课程上线标准的课程予以奖补；对共享需求大的课程进行前期投入，支持课程建设与上线。同时，以上课程在湾区高校实行免费共享。

（4）建引结合。联盟在组织会员积极共建和自建课程以外，还积极发挥加盟平台的作用，引入各平台的优质课程，供联盟成员选用。现已引入各加盟平台的优质课程487门，涵盖12个学科门类。

（四）多校试点跨校选课，探索在线课程共享机制

为了让粤港澳大湾区的学生获益，联盟汇聚了许多优质课程。例如：香港中文大学的"昆曲之美"课程以昆曲为核心主题，通过学者与表演艺术家的解说示范，提升学生对中国传统文化、古典文学与表演艺术的鉴赏能力；中山大学的"创新思维训练"课程在全国总选课人数超过75万人次；华南农业大学的"食品原料学"在全国使用学校有200所，总选课人数26,000多人，课程浏览量超过639万次；澳门大学的"创意"课程注重通过实践活动来提高学习的趣味性，还提供了英文、简体中文、繁体中文三种字幕，便于各地区的学习者学习。

经过实践探索，联盟建立和完善了包括高校供课、学校选课、学生选学、联合授课、学习过程管理、学习数据反馈的一整套流程和机制，为湾区成员高校大规模开展多校互选共享联盟课程积累了经验，创造了条件。

四、福建省高校在线教育联盟

福建省高校在线教育联盟（以下简称"福课联盟"）成立于2016年5月25日。联盟在福建省高教处的指导下，主要负责指导和管理全省高校在线课程的建设、开展在线教育相关人员培训、组织在线教育合作交流等事宜。联盟组织制定并实施了《福建省高校精品在线开放课程建设标准（试行）》等一系列规范标准，在课程建设、跨校互选、学分互认和对外交流方面取得了可喜的成就。各成员高校也制定了相应的教学质量保障机制、学习评价机制和在线课程学分认定机制。

截至2019年12月，福课联盟一共立项建设了459门省级精品在线开放课程、270门省级精品线上线下混合式课程和30个省级慕课应用型本科教学团队，组织认定了293门省级精品在线开放课程；组织开展了7个学期的省内38所本

科高校间的课程跨校互选、学分互认，选修学生达 37 万人次，其中有 24 万人次获得学分，省外高校和社会人员选修数超过 300 万人次；共有 54 门课程入选国家级精品在线开放课程。

联盟指导各高校出台了推进线上课程、线上线下混合式课程等一流本科课程建设与应用的政策措施，促进教师更新教学理念、提升信息技术应用能力，激发广大教师的积极性、创新性，大胆开展线上线下混合式教学实践，实施精准化、个性化、多样化的新型教学组织形式。加强高校与企业、课程平台的合作，以在线开放课程的建设应用为重要手段，推动信息技术与教育教学的深度融合、传统课堂与在线课程的有机融合，助推以学生为中心的课程改革、教学方式与学习方式改革，形成高水平人才培养体系。

五、北京高校优质课程研究会

2015 年，北京高校优质课程研究会（以下简称"研究会"）在北京市教育委员会的指导下成立。研究会常务理事成员单位包括中国人民大学（理事长单位）、北京理工大学（秘书长单位）、北京大学、北京师范大学、北京航空航天大学、北京交通大学、中国农业大学、北京邮电大学、北京工商大学、首都师范大学、北京语言大学、北京赢科天地电子有限公司（副秘书单位）。

研究会作为高校优质课程共建共享平台，以"开展优质教学资源共建共享研究，推动高校人才培养模式改革，提升教育教学质量"为宗旨，以"课程共享、学分互认、提升教学质量、深化教学改革"为目标，构建平台、课程、机制、研究"四位一体"的建设体系。研究会现有成员高校 30 余所，个人会员百余人，汇聚国内名校课程 300 余门，吸引了近 46 万余名高校在校生、教师、社会人员学习，帮助上万名学子获得了慕课课程学分。

研究会依托北京高校丰富的教育资源，以课程研究会的组织形式开展精品在线课程建设与共享的探索与实践，促进学校和教师更新教育理念、改进教学方式与手段；以"一校一课""课程群"建设为龙头，推进在线课程建设和应用，推动优势特色专业课程的共建共享；全面规划、系统建设优质通识课程，实现优势互补，帮助高校完善育人体系，提升育人质量；以"一带一路"倡议为切入点，推进体现中国元素的全英文课程建设；通过线上学习实现跨校辅修，逐渐建成学科专业齐全、优质资源汇聚的大学型组织。通过一大批优质在线开放课程的建设与共享推进课程内容与教学方法的改革，促进以学生为本的课程体系与教学体系的重塑。

研究会通过工作会、专项研讨会等方式，持续改进平台和课程质量，在此基础上，形成了优质课程建设标准、工作流程等，并积极与其他课程联盟联合搭建区域共建平台，实现优质课程"共建、共享、共赢"。

六、东西部高校课程共享联盟

截至2019年底，东西部高校课程共享联盟成立近七年，累计有2200多所高校的4600万人次大学生修读联盟课程并获得学分，其中有西部地区高校约600所，开展各种规模、形式的教师培训活动共计25,000多场次，参与培训的教师超过120,000人次。

（一）质量建设

2019年，联盟的各成员单位与运营单位智慧树密切合作，建设了大量优质学分课，涉及帮助当代大学生树立正确价值观的"红船精神""大庆精神""西南联大与现代中国"等内容，以及培养思辨能力的"批判性思维""商业伦理与企业社会责任"等主题，还有涵盖中华优秀传统文化、大学生身心健康、新技术与职业发展等方面的各类通识课与专业课。

建以致用、用以促学，课程质量不断提高，应用规模不断扩大，是联盟始终坚持的发展方向。截至2019年秋季学期，联盟已经上线共享学分课程2500余门，全年校均选课45门，其中单学期选课超过50门的有481校次，超过200门的有43校次。2019年，智慧树上线"AI慕课管家"。随着联盟学分慕课新课标的实行与新技术的有效应用，用课学校线下考核的比例显著增加，推动了课程质量稳步提升。

（二）慕课西行

联盟持续开展面向西部高校的课程建设、共享及教学环境搭建等支援活动。联盟在石河子大学专门建设了课栈，服务学校教改；在喀什大学、塔里木大学、新疆财经大学等高校建设了沉浸式远程直播互动教室，实现课堂共享。联盟通过西部工作的实践证明了部分专业课程利用现代教育技术进行"柔性援助"模式的可行性，探索出了从教案设计、制度激励、条件保障到教法改革、过程考核的完整经验。

（三）微专业创新

联盟在 2018 年建设并推出了首个微专业项目，即北京大学国际关系学院的"国际组织与全球治理"项目，迄今已经运行了三期，有 10 余所高校组班学习。中国海洋大学管理学院的"创新创业"、iCAN 国际创新创业大赛的"创新工程"、复旦大学上海医学院的"医学与健康"等微专业项目也陆续建设完成，在 2020 年春季学期上线运行。四川大学、天津大学、同济大学、哈尔滨工业大学、华南理工大学等越来越多的高校也开展了微专业的重构与建设，与联盟合作，为培养卓越人才服务。

七、山东省高等学校课程联盟

（一）联盟简介

2013 年，在山东省教育厅的指导下，山东科技大学牵头成立了山东省高等学校课程联盟。联盟由省内 71 所本科院校组成，分为四个分联盟：工科教育联盟、师范教育联盟、新建本科高校联盟和医科教育联盟。联盟致力于推动省内高校人才培养模式创新，加强课程资源建设与共享。以自愿、平等、合作、发展为原则，以课程共建共享为基础，充分发挥成员高校课程优势和特色，建立课程学分互认和学生校际交流互访等机制，为学生多样化发展创造良好条件。

（二）推动在线课程建设与应用的举措

1. 依托联盟推进省内高校在线课程建设

山东省高等学校课程联盟在省教育厅指导下成立了山东省高等学校在线开放课程管理服务中心，指导全省高校建设在线课程，加强上线课程的规划和遴选，避免重复建设。鼓励高校之间、高校与企业之间通过协同创新、集成创新方式联合建设在线课程，推动在线开放课程群建设，实现在线开放课程多种形式的应用与共享。

根据课程应用和共享范围，山东省在线开放课程分为 A 类和 B 类课程。A 类课程面向全省高校共建共享，B 类课程面向不同区域、不同学科、不同类型高校共建共享。联盟内成员高校都认可学分的课程列入 A 类课，以通识课、专业基础课为主；分联盟成员高校认可的课程列入 B 类课程，以专业课为主。联盟按学期出具

《山东省高等学校在线开放课程平台运行报告》，并针对相关课程进行数据分析。

2. 制定联盟课程建设管理文件和规范标准

为加强联盟课程建设和管理，促进优质课程资源共建共享，联盟先后制定了《山东省高等学校课程联盟章程（试行）》《山东省高等学校在线开放课程建设实施方案》及《山东省高等学校在线开放课程指导性建设要求》《山东省高等学校优质在线开放课程认定指导标准》；起草了《山东省高等学校课程联盟课程共享管理暂行办法》《山东省高等学校课程联盟在线开放课程建设质量标准》《山东省高等学校在线开放课程平台课程上线管理办法》《山东省线上线下混合式优质课程建设实施方案》等管理文件，并将出台《山东省高等学校在线开放课程平台课程上线审核办法》《山东省高等学校在线开放课程共享管理实施细则》。通过强化制度建设，规范在线开放课程建设、应用、引进和对外推广流程，加强对在线开放课程的质量审查。

3. 搭建山东省高等学校在线开放课程平台

为推进在线课程建设和应用，山东省高等学校课程联盟依托智慧树搭建了山东省高等学校在线开放课程平台，开展全省高校在线开放课程建设与应用的培训及技术服务等工作。省级在线开放课程通过上线山东省高等学校在线开放课程平台进行共享，在省内高校间免费开放互选互用。2018 年，首批 37 所高校的 397门课程在山东省高校在线开放课程平台上线运行；2019 年，第二批两轮次共 45所高校的 680 门课程上线运行。联盟成员高校将适应本校人才培养需求的 A 类课程和相应分联盟认可的 B 类课程列入学期教学（开课）计划和教务管理系统，供学生自主选课。通过在线自主学习、在线测试考核、在线质量监控、线下深度学习等方式推动在线开放课程的广泛应用，促进教学改革。截至 2019 年 12 月，联盟内共有 65 所高校学生参与选课，选课学生达到 910,932 人次。

八、湖北高校课程共享联盟

（一）联盟简介

湖北高校课程共享联盟简称"楚课联盟"，是在湖北省教育厅的领导和支持下，由湖北大学牵头并联合省内高校共同组建的湖北省省级课程共享联盟，理事长单位由湖北大学担任，中南民族大学、武汉科技大学等 8 所高校为理事单位，秘书处设在湖北大学教务处，联盟目前已有 34 所成员高校。

（二）推动湖北省慕课建设与应用取得显著成绩

楚课联盟统筹规划联盟高校共建量大面广的通识课、优质专业课、荆楚文化特色课程。对接湖北"一芯两带三区"的建设要求，通过校企共建课程、共建微专业项目等方式，应用在线课程服务企事业人员职后发展，为行业、产业培养高新技术人才，服务地方经济社会发展。为带动湖北省在线开放课程建设与应用深入发展，联盟通过遴选审查，前后共上线 21 所高校的 115 门优质在线开放课程，供联盟学校课程互选。包括湖北大学、武汉工程大学、武汉轻工大学在内的多所高校积极组织学生开展跨校互选。

联盟组织跨校学生课程互选共 2 万余人次，覆盖 22 所省内高校；教师团队基于联盟平台积极探索开展课堂教学改革，推进了教学组织形式、学习方式和管理模式的变革创新。

联盟组织了"优秀教学改革案例征集"活动，共有包括武汉大学、华中师范大学、湖北大学、武汉科技大学等在内的 37 所高校提交了 94 个教学改革案例，经专家评审有 70 个案例获得认定。联盟还于 2019 年 5 月启动"线上线下混合式金课"教学大赛，共有 32 所高校 293 名教师参加比赛。

联盟开展"名师进校园行动计划"，举办名师进校园活动 13 次，通过线上同步课堂、线下见面课的方式促进课程资源的共享以及教师的教学能力提升。

2019 年，联盟举办教师培训 146 场、省内工作推进会 3 次、教师"金课"教学研讨会两场，通过共享教研数据、教师跨校协同备课，培养了一批慕课教学名师，形成了一系列教学改革案例，建设了在线课程评审平台；通过数据分析、用户画像等方法协助教育厅开展课程评审以及评审后课程教学数据、应用状态的监测工作，推动省内一流课程在教学中的应用。

九、卓越农林在线课程联盟

（一）联盟简介

卓越农林在线课程联盟成立于 2018 年 7 月，是在教育部、农业农村部、全国高等学校教学研究中心的支持和指导下，由西北农林科技大学、华中农业大学、中国农业大学、南京农业大学、福建农林大学等国内高等农林院校和相关企业共同发起成立的在线开放课程联盟。

联盟宗旨是：充分发挥高等农林院校学科专业优势，本着共建、共享、共赢的理念，积极推进在线开放课程的建设和应用，促进高等农林院校教育改革创新，提高教育质量，提升高等农林院校在国内外的地位与影响。

联盟主要工作内容包括：（1）打造合作交流平台，研讨农林高校在线开放课程建设的热点难点，开展在线开放课程建设战略研究。（2）整合联盟各高校的优质教学资源，协同打造一批特色鲜明的一流在线开放课程。（3）促进校际在线开放课程共享与应用，推动跨校选课及学分互认，建立优质课程共享应用机制。（4）开展基于在线开放课程的教学研究与交流，分享新形势下的教学改革经验，推进信息技术与教育教学深度融合。

（二）主要开展的工作

联盟成立以来，建设了"卓越农林在线开放课程"门户网站，打造了一批特色鲜明的在线开放课程，促进了校际在线开放课程共享与应用，推进了信息技术与教育教学深度融合。

2019 年 11 月，为全面贯彻落实习近平"三农"思想和习近平生态文明思想，深入贯彻落实《中共中央国务院关于实施乡村振兴战略的意见》，根据《教育部农业农村部国家林业和草原局关于加强农科教结合实施卓越农林人才教育培养计划 2.0 的意见》，联盟制定了包含 37 门"大国三农"精品通识教育课程的首批课程建设规划，全面启动课程建设。"大国三农"精品通识教育课程建设以立德树人为根本任务，紧紧围绕中华农耕历史与文明、农业生产与生活、农业生产与粮食安全、农村社会发展等"三农"主题，充分发挥联盟成员优势，合作开发建设一批全方位展现中华民族农业、农村、农民的伟大发展历程与璀璨文化以及未来农业发展趋势的系列精品通识教育在线开放课程和教材，弘扬和传播中华农耕文明，探讨与交流未来农业走向，培养"三农"情怀，增强民族文化自信，服务乡村振兴战略、生态文明和美丽中国建设。

联盟力争经过 3~5 年的努力，全面建立"大国三农"精品通识教育课程体系，建成 50 门左右在线开放课程，出版一批新形态教材，增强学生服务"三农"和农业农村现代化的使命感和责任感。

第七章 互联网时代在线开放
课程发展与展望

在线开放课程经过了多年的发展，受到许多新技术的推动。在本章中，笔者将从在线开放课程的技术发展、教学应用以及发展趋势等方面，展望互联网时代下中国在线开放课程的未来。

第一节　在线开放课程的技术发展

在现代科技的辅助下，纷繁众多的虚拟学习环境足以以假乱真，学习者可以在虚拟环境中控制模型，通过互动自然地探索。沟通方式也摆脱了传统课堂教学中单一的互动方式，为师生互动、生生互动提供了更多选择，为协作学习打下了良好的技术基础。技术发展推动下的在线教育呈现出了全新的发展态势，本节将探讨近年来增强现实、虚拟现实以及人工智能技术的发展完善为教育领域带来了怎样的变化。

一、增强现实与虚拟现实技术方兴未艾

AR 与 VR 技术已经历了数十年的发展历程，随着技术进步、产品成本的降低与移动终端的普及，终于迎来了实用化的春天。AR 技术的作用是把虚拟信息叠加到真实世界中并使其实时融合在同一个画面之中以实现信息集成，VR 则更加强调对图形系统的利用，生成可以为使用者带来具有沉浸感的完全虚拟画面。此外，还有人提出了 MR（MixedReality，合现实）的概念，其以 AR 技术为基础，且更加强调虚拟画面与现实世界之间的交互。综合来看，这三种技术的核心功能都在于"虚拟成像"与"沉浸体验"。

教育领域的 VR/AR/MR 技术用户数量也在增加。据高盛集团相关数据显示，到 2025 年，这一数字将达到 1500 万。尤其是虚拟现实技术在高等教育领域的应用将迅速发展。《地平线报告：2019 年高等教育版》中明确指出，包含 AR/VR 在内的混合现实技术在教育领域具有广阔的发展前景。

AR/VR 技术凭借其将真实与虚拟体验相交融的优势，在思想教育、方法教育等方面带来新的变化。AR/VR 技术带来的学习体验，使得学生能够足不出户便仿佛置身于中外古今的真实情境之中，在很大程度上满足了情景主义学习理论对于学习者与真实情境互动的要求，对于提升学习者的学习动机与质量有益。此外，随着我国职业教育进一步地加快发展，职业技能的培养与实践性教学受到了

社会各界的重视，AR/VR 可以模拟真实的操作环境，在目前尚未受到环境、场地、设备、安全等问题限制的职业教育教学中大有可为。国内学者将 AR/VR 技术在教育领域中的应用趋势总结为如下四个方面：订制硬件、可视化内容、虚拟化环境、体验现实。

尽管增强现实与虚拟现实技术早已步入了实用阶段，但距离其在教学活动中的广泛应用，仍有较长的路要走。由于 VR 技术对硬件设备的依赖程度较高，且设备成本居高不下，尚难以得到全面的普及与推广。此外，尽管这两种技术与智能体感、可穿戴设备等其他技术的结合前景广阔，并在国内外的相关研究中已经涌现出了大量成功的实验案例，但其在教育一线中的应用程序还处于早期的简单性、不成熟的交互阶段，仍需要研究者与从业人士进行更深入的内容开发。

二、人工智能赋能智慧教学

人工智能是一场新的科学和工业革命的重要驱动力，它在各个领域都在蓬勃发展，它深刻地改变了人们生产、生活、学习的方式，推动人类社会进入了机器人和机器之间合作的智能时代，跨越国界，共同创造共享。2017 年《地平线报告》的出现，教育领域内的人工智能研究也受到了社会各界的广泛关注。从历史发展来看，教育始终是人工智能研究的重要试验田和应用领域。有学者将人工智能在教育领域的具体应用总结为几大应用形态：智能教师系统，智能评估系统和机器人教育系统，结合了人工智能在逻辑推理、知识表达、导航、自然语言处理等方面的功能。

（一）智能教师系统

智能教师系统（Intelligent Tutoring System，ITS），又称智能教学系统，指的是通过模拟人类教师或助教，实现一对一的智能化、个性化教学的系统。一套智能教师系统通常由教师模块、学生模块、教学模块和交互模块创建，分别实现存储学科领域知识、反映学生个性化信息、体现教学理念和方法、实现人机交互的功能。智能教师系统的发展由来已久，其理论基础是行为主义心理学家斯金纳的程序教学法。结合当今不断发展的人工智能技术，该系统帮助学习者理解和掌握知识的功能得以扩展，开始促进学生的个性化发展，为学生的发展目标提供充分的支持。从应用层面来看，智能教师系统未来发展的趋势将集中在以下几方面：

（1）不断适应的学校环境和合作的学习环境。强调为学习者提供可供自由探索的学习环境，通过系统与学习者进行交互以及师生、生生互动，对学习行为进行评估并实时调整知识呈现方式，以实现最优的学习效果。值得注意的是，这类技术的应用不仅限于常规知识的学习，在各类技能学习中同样可以发挥作用。外国研究人员开发了一套智能社会教师系统，帮助自闭症儿童融入社会，尽管对真实生活环境的模拟具有复杂性，并且仍然面临许多应用上的问题，但这却是未来人工智能技术为实现广泛意义上的全纳教育而努力的前进方向。

（2）情感感知与服务。通过人工智能技术实现的人脸识别、表情识别、生理信号采集等一系列综合技术手段可以用来收集学习者的情绪变化数据，并据此选择有针对性的激励策略。

（3）元认知。元认知即对个人认知活动的感知。一般来说，在进行元认知的过程中往往难以排除主观因素的影响，因而难以对认知活动进行全面的认识和调节。智能教师系统可以通过对学习过程的监控和分析，帮助学习者完成元认知过程。

借助逐渐普及的移动硬件设备，智能教师系统在教学过程中已经得到了广泛应用。为了改善在线学习中的师生沟通环境，提高用户学习积极性，清华大学的计算机科学与技术和在线课堂相结合，开发了智能助手——小木系统。小木系统致力于改善在线教育中普遍存在的师生沟通难、学习者积极性差的问题，主要包括知识抽取、主动提问和智能问答三个功能模块，构建了庞大的知识图谱体系，并结合先进的人工智能自然语言处理技术，为学习者提供了一种良好的人机交互体验，使得在线学习的趣味性和效率都有所提升。

（二）智能测评系统

评估是教学活动的重要组成部分，也是检验学习成果并提供反馈的直接途径。基于人工智能技术的智能测评系统一方面减轻老师的负担，更有效地评估；另一方面可以提供客观的测评结果，对学习表现进行精准评价。利用自然语言处理技术、图像识别、语音识别、机器学习等技术实现对文字、语音的语义分析和理解，已被广泛应用于 ICT 技能培训与计算机教育、语言学习等许多领域。例如，这个系统已经在美国广泛使用，可以为教师智能选取用于测试的文本段落，并实现对学生作文的自动化评分与写作技巧指导。

在国内也同样涌现出了众多基于人工智能技术的产品。例如：2017 年末，新东方科技教育公司与 Iflytek 有限公司合作，推出首个智能学习产品实战技能平台。该平台针对雅思、托福考生设计，包括"评分、每句话准确、行为分析、模型、学习记录"五部分，包括作文与口语两部分。这些人工智能的教育应用减轻了教师和助教的负担，在网上学习方面有很大的潜力。

教育机器人作为具有跨学科性质的技术应用方式，机器人教育对 STEAM 团队的联合教学至关重要，机器人研究中的不断创新对教育领域也会产生一定的影响。在 K12 教育中，教育机器人被用来帮助特殊儿童学习。

有关教育机器人的具体应用方式，大致可以分为两条路径：一是将教育机器人作为学习工具，通过相关机构的开发与研究，发挥其在教学环境中的辅助功能；二是围绕机器人开展教育课程。这类课程将工程技术概念具象化到真实世界中，减少了数理学习的抽象性，对学习者学习动机、学习兴趣、创造性思维的提升和培养都起到了显著的作用。

除了以上几种人工智能在教育领域的直接应用形式之外，以人工智能技术为基础，结合大数据、脑机接口等先进技术在教育领域的研究与应用也呈现出了高速发展的态势。其中，脑机接口技术通过对脑信号采集，为学习者情感识别、注意力水平及学习效果监测提供了直接而有效的数据来源。此外，通过脑机接口技术实现的新型人机交互方式也催生了一批适用于特殊教育、职业教育的教育辅助工具的开发。未来，人工智能在教育领域的应用仍需要进一步探索和实践。如何促进人工智能与教育教学的进一步融合，使得人工智能技术更好地服务教学全过程，是横亘在教育技术研究者面前的一道难关。

第二节　在线开放课程的教学应用与融合创新

在线开放课程改变了传统课堂的教学方式，推动了教育观、教学方法、教育技术、教学方式的转变。本节笔者将总结近年来在结合新兴技术应用于教学实践的过程中，经历了不断的碰撞与融合后，在线开放课程呈现出了怎样的发展特点与应用创新。

一、广泛开展的慕课、SPOC 及混合式教学建设

大规模在线开放课程，是一种基于信息技术发展的在线学习形式。2013 年被称为"中国 mooc 的第一年"。此后，在政策和市场的推动下，越来越多的大学和企业参与到国内课程和平台的建设中来。

在 2019 年 4 月 9 日的中国 mooc 大会上，教育部副部长钟登华发表了题为"适应新时代新要求努力建设世界一流水平的中国慕课"的演讲。他讲话说，中国的 mooc 建设始于 2013 年，经过 6 年的快速发展，上线了 12,000 余门慕课，有两亿人次参与到了慕课学习中来。高速发展的中国慕课已在许多方面居于世界领先地位，但是数量的急剧增长引发了慕课课程质量危机。近年来的研究实践表明，无论是对于慕课的提供者——高校来讲，还是对学生来讲，慕课都存在着一些亟待解决的问题。有学者将慕课的优势与不足进行了比较，见表 7-1。

表 7-1 慕课的优势与不足

慕课的优势	学生	没有先决条件，没有规模限制，开放，免费，学生领导
	大学	完成学校的使命，成本低，利润高，提高学校声誉，为学生创造大量的学习数据
慕课的不足	学生	没有正式的资格证（只有课程完成证），老师和学生几乎没有互动，考核问题，学习认真，报名成功率高，获得的支持有限
	大学	没有第一条件，评价问题，学术诚信，第三方基础

以上问题的存在，制约了慕课对高校传统实体课程的影响，而这本是高校纷纷投入慕课建设的重要目标。因此，部分国际名校进行了新的课程形式尝试。在线课程限制了较小的规模，限制了学生的规模，并为他们设定了访问要求，不向公众完全开放。SPOC 往往有着更强的约束性，学习者必须保证学习时间和学习强度，并且需要参加网上讨论，完成指定的作业和考试等。同时，由于规模限制的存在，学习者可以与课程团队进行更加有效的互动以保证学习效果，从而获得接近传统实体课程的学习体验。

随着 mooc 和 SPOC 等在线资源的出现，许多高校开始进行混合式教学的尝试。通过结合翻转课堂的教学方法，慕课、SPOC 等课程资源成为学生自学的主

要材料，在课堂教学环节则通过教师指导下的学生讨论与测试来巩固和检验学习成果。到 2019 年底，教育部结合线上和线下的教学，正式推动课程创新、提高课程质量的重要形式，而高校已开发出全国一流的线上和线下混合课程，并对其进行了介绍，展示了未来混合教学的发展前景。在校园之外，混合式教学也已遍地开花，得到了社会各界的广泛重视。

为了提高在线开放课程的教学质量，发挥教学内容的可迁移性，一些课程尝试将线上慕课学习与线下面对面培训结合起来。这并非国内慕课的首创。2017 年，Udacity 慕课平台已认识到这种模式的可行性，开始推广此类混合学习项目，如 UdacityConnect 等项目，此类项目被认为在学习质量和效率上均优于单纯的在线学习。可以预见的是，无论其具体实现方式如何，线上线下相结合的学习模式能够在一定程度上弥补慕课教学的不足，达到质量与效率的平衡和优化。

以慕课为代表的线上教学及混合式教学的课程质量仍然有待提升。《教育信息化十年发展规划（2011—2020 年）》提出，要"进一步加强基础设施和信息资源建设，重点推进信息技术与高等教育的深度融合，促进教育内容、教学手段和方法现代化，创新人才培养、科研组织和社会服务模式"。目前，国内涌现出大量的慕课，但其大多停留在"新瓶装旧酒"的阶段，并未结合新的课程载体对教学流程进行适应性改变与优化，直接影响了慕课质量与教学效果。学界的相关研究也表明，慕课学习者在学习持续性、学习投入度等方面普遍存在问题，需要课程设计者积极创新形式，广泛搜集学习者意见，提供更加多样化的评估方式，将形成性评价与结果评价同等重视起来。

除去课程本身之外，慕课发展也对高校的体制改革与社会服务功能提出了新的要求。首先，慕课打破了高校之间的物理壁垒，实现了优质教学资源的集中，有利于联盟网络大学的形成与发展。这在国外已不乏先行者，但在国内仍然处于起步阶段，需要突破现有学分、学位制度的瓶颈。此外，作为更适合成年学习者的学习形式，慕课在继续教育、职业教育等领域的潜能仍有待发挥。

二、基于传统课堂发展的双师课堂

《中国青年报·冰点周刊》于 2018 年 12 月 13 日发布了文章《这块屏幕可能改变命运》。该文章一经发布便引起社会各界热议，使得互联网在线教育成为津津乐道的话题。该文讲述了 200 多所贫困县的农村高中，16 年来通过网络直播课的方式共享国内顶级中学的优质教育资源，最终有 88 人考上了清华大学或北京大学，大多数学生成功考取了本科院校，这极大地鼓舞了在线教育的军心。

基于传统课堂，结合网络直播技术实现的双师课堂由来已久，在各个教育阶段都有所应用。作为在线开放课程与传统课堂形式的融合，这种教学模式的优势在于：结合了线上所提供的可复制的优质师资与线下辅助确保学习质量的助教，在解决地区教育发展不均衡方面表现出强大的生命力。在公立、私立学校及培训机构中，都不乏双师教学模式的出现。然而，尽管坚持了多年的双师课堂终于借此契机得以被公众所认可和重视，但其也并非完美无缺。无论是《这块屏幕可能改变命运》文章本身，还是其引发的诸多讨论，都对这种教学模式可能带来的隐患表示了担忧：地方财政的巨大压力、当地教师对双师课堂的消极应对、两地学生知识基础的巨大差异、直播课的师生互动难题等。双师课堂的直播课模式的确为致力于改变教育资源不均衡、实现教育公平的互联网教育行业打了一剂强心针，但这剂良方的背后依然存在许多问题，有待通过技术的发展创新与制度的改革完善加以解决。

三、STEAM 教育与创客教育

科技与教育的融合势必会给教育领域带来颠覆性的变革，我们在传播方式、教学工具上可以直观地感受到技术带来的变化；而通过影响社会发展方向，科技也在倒逼各国的人才培养与能力体系，促使其发生改变。现代科学技术的发展不仅为人才培养提供了丰富的手段和方法，也促进了社会对人才全方面能力的重视，近几年来国内兴起的 STEAM 教育与创客教育热潮便是其体现。

STEAM 教育由 STEM 教育的概念发展扩充而来，包含五个学科：Science（科学）、Technology（技术）、Engineering（工程）、Art（艺术）、Mathematics（数学），它旨在通过项目制学习方式，培养学生综合运用科学知识并进行创新、创作的能力。

创客是指把具有技术挑战的创意转变为现实的人，他们需要具备一定的知识和创新、实践、共享、交流的意识。随着创客浪潮愈演愈烈，作为具备开发、实践、加工等多种功能的开放场所，创客空间为创客们提供了共享知识和资源，以及将想法实现的空间，也在国内外获得了迅速的发展。科学技术的发展催生了许多新的工具与材料，降低了参与生产创造的门槛，甚至让每一位学习者都有可能成为真正的创造者。在此背景下，针对各个教育阶段普遍存在的学生创新能力、动手能力不足的问题，研究者将创客理念纳入教育领域之中，创客教育应运而生。

STEAM 教育与创客教育一脉相承，都有强调综合能力和知识运用的核心内涵，二者的区别在于创客教育通过教育机器人、3D 打印、编程教学等新生事物在知识领域深化和拓展了 STEAM 教育，使得学科领域知识更加贴近生活。创客教育是 STEAM 教育的有益补充，二者的融合与普及指日可待。

STEAM 教育与创客教育的蓬勃开展，为教育理论的进一步发展提供了土壤。著名教育学家杜威（John Dewey）早在 20 世纪初便提出了"教育即生活""做中学"的教育思想，将运用知识解决实际问题的能力与认知能力同等重视起来。相较于我国素质教育目标中所广泛提及的"创新"理念，源自西方的创客教育更加强调实体作品的创造，这与"做中学"的教育思想不谋而合。加德纳（H. Gardner）的多元智能理论将人类智能划分为九种，分别是言语、逻辑、视觉（空间）、音乐（节奏）、身体（运动）、人际交往、自我内省、自然观察、存在智力。与传统智能理论相区别的是，多元智能理论强调智能发展的文化性、多元性；加德纳认为解决问题的技能首先与生物本能有关，但同时还需要将特定领域的文化教育与生物本能相结合，如写作与言语智能的结合。STEAM 教育与创客教育的发展和多元智能理论十分契合，除了内涵丰富的五个学科之外，STEAM 教育与创客教育强调的协作学习对于学习者的人际交往智力同样起到了有益的锻炼作用。

作为强调学科知识多元结合与创新创造的新兴教育理念，STEAM 教育与创客教育在国内的发展势头可谓迅猛。然而在热潮之下，令人担忧的现象同样存在。由于 STEAM 教育与创客教育与科技前沿结合紧密，且强调学生动手操作，很容易沦为学校与各类其他教育机构的"秀场"：在种类繁多、式样新颖的课程背后，是忽略教育规律、揠苗助长式的教学。许多学校或其他教育机构将机器人教育、编程教育宣传得天花乱坠、无所不能，却全然忽视了学生的认知成长规律，违背了 STEAM 教育与创客教育将知识与生活相结合的原本理念，造成了该行业繁荣发展背后的巨大泡沫。

第三节　中国在线开放课程发展展望

随着教育信息 2.0 时代的到来，信息技术将在推动教育变革方面发挥更大的作用，在线开放课程建设中应进一步确立人在教育全过程中的核心地位，从课程平台、课程资源到认证服务等方面构建智能化、泛在化的学习体系。本节笔者将从高校与社会两个角度，探讨我国在线开放课程将会呈现出怎样的发展趋势，以及如何服务于高校与社会。

一、在线开放课程服务于高校教学

作为传统教学方式的有益补充，在线开放课程在高校有着广阔的发展前景。近年来，国内在线开放课程数量出现井喷式增长，但在线开放课程后续的运营与推广、在线开放课程如何融入传统教学中去是很多高等院校面临的问题和挑战。此外，从学科知识体系来看，随着智能技术的不断发展，学科间的界限逐渐变得模糊，传统的单一学科课程往往难以应对复杂多变的知识需求。高等教育模式变革与学科知识体系的重构，并对大学教育的在线开放课程提出了新的要求。随着信息技术的不断发展与移动终端的日益普及，学习者获取学习资源越发便利，原有的在线开放课程要从课程体系的角度进行革新，满足学习者更高层次的学习需求。在这一趋势的影响下，在线开放课程首先需要在课程体系上朝着跨学科的方向转变，从传统教育侧重硬知识传递逐渐转向基于情境和问题的教学。为了更好地服务于高校教学，还应紧紧围绕立德树人的根本任务，弘扬社会主义核心价值观，从教学内容与资源、教学设计与方法、教学活动与评价、教学效果与影响、团队支持与服务、信息安全及知识产权保障六个方面出发，推进在线教学形式与教学内容的深度融合；逐渐解决学分认证等问题，提高课程内涵质量，优化课程展示形式，细化课程运行管理。

随着社会大众对在线教育理念的逐渐认可，将会有更多教师愿意通过在线开放课程的形式让更多学习者接触到优质的教育资源。然而，在行业融合方面，教育行业的一线工作者往往难以直接接触到科技领域的前沿技术，而技术人员则对教育内容缺乏深刻的了解与认识，很难发掘技术与应用之间的契合点。这就需要高校充分发挥引领作用，积极开展跨领域研究，推动前沿科技与在线开放课程的进一步结合。相信在不久的将来，AR、VR、5G等技术支持下的在线课程能够为学习者带来线上线下接近一致的学习体验，从而推动整个教育行业发生更大的变革。

二、在线开放课程服务于社会发展

从服务社会发展的角度来看，我国"构建终身学习体系，加快建设学习型社会"的战略举措对在线开放课程提出了促进教育公平与推动终身学习的要求。在线开放课程本身具有受众广泛、易于获取等优势，便于推动优质教育资源共享，已经逐渐成为优化教育资源、提升教育教学质量和国民科学素养的重要抓手。

（一）推动实现教育公平

在我国，入学机会不足、教育资源地区发展不均衡等问题仍然存在。基于教学平台的在线开放课程，允许学生观看在线学习视频，获取课程资源，完成作业，参与教师的互动，充分参与整个教学过程，达到最大限度的教育公平目标。基于互联网的教学平台是开放和友好的，并有效地减少了由于不同地区教育水平的差异而造成的教育不平等。但是，互联网技术高度发展和广泛应用在给全人类带来福祉的同时，也带来了新的不平等和新的社会分化，这就是所谓的数字鸿沟（Digital Divide）。

高速发展的网络传播技术无疑扩大了优质教育资源的覆盖范围，但这与缩小教育差距、降低教育不平等程度并不等同。"有效维持不平等"理论认为，即使教育资源接近饱和，处于优势地位的群体也会谋求更高质量的教育资源以维持其优势地位，教育差距仍将存在。这种数字鸿沟广泛存在于家庭、地区、城乡之间，由于地理、收入等因素引起的教育科技资源的不平等会加大甚至恶化某些已经存在的差异。较多的实证研究都已证明，尽管具备种种缩小教育差距的潜力、能够让更多的学生接触到丰富的教育资源，但在线教育却并没有更多地使不同社会阶层（特别是处于弱势的学生群体）受益。"互联网+教育"虽然为推动教育公平提供了极大助力，但如何促进教育资源在流通过程中的优质共享，成为横亘在在线教育行业发展前进道路上的一道难关。因此，仍须建立"国家政策支持、业界积极参与"双位一体的资源优化体系，发挥一线教师自身引导力，形成线上线下合力，更加关注弱势群体在教育资源获取和使用过程中的不平等现象，提高教育质量，促进教育公平。

（二）促进发展终身教育

终身教育的理念认为，人们需要学习和终身学习，以确保他们在不断变化的环境中竞争的能力，这符合今天的社会需求。因此，这个想法得到了很多关注。对社会未来力量的培养需要紧跟时代发展的步伐，在线教育跨越了时空距离的限制，整合优质教育资源，让不同年龄段的学习者能够随时随地参与学习，这符合终身教育的理念，与家庭、学校和社会教育相结合。

同时，从终身教育理念的基本内涵来看，其主要倡导持续和主动的学习行为。这种学习行为不仅应该出于提升个人能力、服务社会发展需求的双重需要，更应该来自学习过程本身的良好体验。伴随着在线学习模式、混合式学习模式的不断创新，满足不同层次学习者需求的在线开放课程资源在数量和质量上都将不断提升。在人工智能技术的支持下，在线开放课程可以为不同年龄、不同知识基础的学习者提供个性化的优质学习体验。在未来，现代技术将从教育资源、教育模式、绩效考核和学习互动四个方面推动终身教育与开放在线课程的融合，这将推动所有人终身学习，加快建设学习型社会的坚实基础。

参考文献

[1]孙福,孙佳怡,贾帅.在线开放课程建设与管理[M].北京:北京理工大学出版社,2021,03.

[2]谢幼如,等.在线开放课程与教学创新[M].北京:科学出版社,2020,03.

[3]韩筠,袁驷,徐晓飞.中国在线开放课程发展报告[M].北京:高等教育出版社,2018-2019.

[4]徐英俊.教学设计[M].北京:教育科学出版社,2001.

[5]周洪宇.开辟与创新:陶行知与中国现代文化[M].济南:山东教育出版社,2010:317.

[6]黄政杰.课程设计[M].台北:台湾东华书局,1991.

[7]钟启泉.课程论[M].北京:教育科学出版社,2007.

[8]加涅.教学设计原理[M].上海:华东师范大学出版社,2000.

[9]皮连生.学与教的心理学[M].上海:华东师范大学出版社,2011.

[10]教育部.教育部办公厅关于开展2018年国家精品在线开放课程认定工作的通知:教高厅函(2018)44号[Z].2018-07-20.

[11]教育部.教育部高等教育司关于开展2019年国家精品在线开放课程认定工作的通知:教高司函(2019)32号[Z].2019-07-01.

[12]国家市场监督管理总局,中国国家标准化管理委员会.信息技术学习、教育和培训在线课程:GB/T36642—2018[S].北京:中国标准出版社,2018.

[13]张彩霞,欧阳少波,李金辉,等.基于金课建设的精细有机合成化学及工艺线上线下混合式教学实践[J].广东化工,2021,48(18):299-301.

[14]张翔,游文明,孔纪兰.工程材料与热加工课程混合式教学改革与实践[J].现代职业教育,2021(41):36-37.

[15]杜丽娟,任天一."中特高"背景下"药理学实用技术"精品在线开放课程建设的探索与实践[J].工业技术与职业教育,2021,19(03):27-30.

[16]丛林,周林毅.智能保险平台消费者购买态度与监管展望——基于某在线开放课程平台学习者风险特征的问卷调查[J].福建金融,2021(09):66-72.

[17]张克民,王金环,曹艳雯,等.廊坊地区基于在线开放课程的线上线下(O2O)混合教学模式研究[J].财富时代,2021(09):219-220.

[18]蒋宝平,卢金福,吴丽,等.基于中国大学MOOC开放课程的中药药理学混合式教学改革的实践与探讨[J].中国中医药现代远程教育,2021,19(18):170-172.

[19]张秀芹.高等教育教材出版面临的形势、问题及发展思路探析[J/OL].出版与印刷:1-7[2021-10-22].https://doi.org/10.19619/j.issn.1007-1938.2021.00.063.

[20]李丹丹,张佳薇,王琢.基于"雨课堂+SPOC"的电工电子学教学改革探索与实践[J].中国现代教育装备,2021(17):84-86.

[21]刘卓.谈MOOC背景下高职艺术类在线课程资源建设[J].辽宁高职学报,2021,23(09):61-64.

[22]赵崝.多元化、多维度评价方式的必要性探究——以游戏角色设计与制作综合实训(动画交互)为例[J].现代职业教育,2021(39):142-143.

[23]杨兴国,魏显坤,张知华,等."互联网+任务驱动"在汽车发动机电控系统课程中的应用[J].汽车实用技术,2021,46(17):185-188.

[24]李玲洁.基于OBE理念的高职在线课程内容及考核体系研究——以《新媒体运营》课程为例[J].河北能源职业技术学院学报,2021,21(03):85-89.

[25]王改花,傅钢善.知识类型、呈现方式与学习风格对大学生在线学习的影响——基于眼动的证据[J].现代教育技术,2021,31(09):45-54.

[26]刘师良,王淑艳.高职院校在线开放课程建设实践与研究——以医学高职院校"计算机基础与医学信息技术"课程为例[J].甘肃科技,2021,37(17):53-55.

[27]马鸣华.疫情时期信息技术助力高校教育教学管理研究[J].电脑知识与

技术,2021,17(26):226-227+232.

[28]张敏,付晓军.基于在线开放课程的高职教师混合教学胜任力模型构建研究[J].九江职业技术学院学报,2021(03):68-71.

[29]程虹,余柏林.应用型本科院校在线开放课程的可持续发展研究——基于江苏省高校国家线上一流课程认定的实证分析[J].大学,2021(34):31-34.

[30]包莹.在线开放课程教学质量评价指标体系构建研究[J].中国教育信息化,2021(18):28-33.

[31]宋芬.基于在线资源的高职电子商务专业课程混合式教学改革与实践[J].质量与市场,2021(17):37-39.

[32]郑福珍.基于专业集群在线开放资源,进行翻转课堂混合式教学的研究——以室内供暖工程施工课程为例[J].现代职业教育,2021(38):96-97.

[33]居伟.教学管理平台在高职院校成人高等教育中的应用[J].现代职业教育,2021(38):212-213.

[34]华彬.高校舞蹈在线开放课程与信息化教学改革[J].佳木斯职业学院学报,2021,37(09):80-81.

[35]尹欣.在线开放课程在动画专业的建设与应用[J].大学,2021(33):126-130.

[36]刘安然.中美高校慕课比较研究——以"中国大学MOOC"与Coursera为例[J].高教探索,2021(09):88-94.

[37]王繁.学习者视角下在线开放课程使用体验与提升策略研究[J].中国教育信息化,2021(17):11-16.

[38]蒋佩均."综合英语"混合式教学改革[J].科教导刊,2021(25):143-145.

[39]于育民,宋亮.基于网络阶梯式的解析几何在线开放课程建设[J].电脑知识与技术,2021,17(25):268-269+274.

[40]赵燕.高职数学精品在线开放课程建设探索[J].成才之路,2021(25):22-24.

[41]李晶晶,段瑞芳,张松雷,等.百万扩招背景下基于在线课程的混合式教学探索——以桥梁工程技术课程为例[J].杨凌职业技术学院学报,2021,20(03):

73−76+86.

[42]席会平,李峰.基于在线开放课程的《烘焙食品加工技术》混合式教学模式研究[J].中国食品,2021(17):102−103.

[43] Tang Hengtao. *Teaching teachers to use technology through massive open online course*: *Perspectives of interaction equivalency*[J]. *Computers &amp*; *Education*, 2021,174:

[44]张秦,陈铁.基于 CiteSpace 的我国高职院校在线课程研究热点与趋势的知识图谱分析[J].教育科学论坛,2021(24):76−80.

[45]战旭梅,刘萍,王正云.线上线下混合式教学效果的评价——以《食品理化检测技术》为例[J].办公自动化,2021,26(17):6−8.

[46]白亮.大学物理实验线上辅助教学实践[J].食品研究与开发,2021,42(15):250−251.

[47]连超锋.基于线上线下混合式"金课"的大学语文精品在线开放课程建设研究[J].商丘职业技术学院学报,2021,20(04):59−63.

[48]戴玉蓉,朱延技,陈小喜,等.实验类在线开放课程建设探索与实践——以东南大学预备性物理实验课程为例[J].实验室研究与探索,2021,40(08):177−180.

[49]金凌虹.提升思想政治理论课亲和力的思考与探索[J].教育教学论坛,2021(34):180−184.

[50]张海玲,邹锦慧,陈金锋,等.《护理应用解剖学》精品在线开放课程建设与使用[J].解剖学研究,2021,43(04):394−398.

[51]蔡世昌,向莎,鞠晓军,等.基于在线开放课程平台的系统解剖学新混合式教学模式的构建与实施[J].解剖学杂志,2021,44(04):353−355.

[52]王春梅.新工科背景下研究生"四位一体"育人体系探索与实践——以计算机学科为案例[J].电脑知识与技术,2021,17(24):217−218.

[53]张启明,张明欢,周欣.从学生视角谈大学数学类在线课程的设计[J].工业和信息化教育,2021(08):32−36.

[54]姜华,姜锐.基于在线开放课程的 O2O 混合式教学模式的设计与应用研

究[J].职业技术,2021,20(09):69-75.

[55]李大伟."课程革命"背景下高职"组态技术应用"课程 FOB 教学模式的研究与实践[J].工业控制计算机,2021,34(08):159-160.

[56]王宁圻,孙自立.高职在线开放课程现状及发展研究[J].知识文库,2021(16):88-90.

[57]李琤.高校在线课程建设发展实证研究[J].延边教育学院学报,2021,35(04):101-103+107.

[58]詹霞.开放大学在线协作知识建构教学路径设计——以市场营销学课程为例[J].广州广播电视大学学报,2021,21(04):48-53+109.

[59]房慧."互联网+"背景下《产品系统设计》精品在线开放课程教学改革[J].工业设计,2021(08):38-39.

[60]汤玫英.充分发挥精品在线开放课程的思政育人功能——以河南省精品在线开放课程"现代汉语"为例[J].数字教育,2021,7(04):33-38.

[61]张燕.高职在线开放课程建设的问题与对策——以大学语文在线开放课程为例[J].襄阳职业技术学院学报,2021,20(04):69-72.

[62]胡建成.数据分析在线开放课程建设探索与实践[J].高教学刊,2021,7(23):105-108.

[63]刁红丽,夏世斌,陈晓国,等.环境微生物学课程线上线下混合式"金课"建设路径探索与思考[J].高教学刊,2021,7(23):129-132.

[64]汪潇潇.在线教育赋能大学教学创新[N].中国科学报,2021-08-17(007).

[65]傅震宇.在线开放课程的建设——以"Python 程序设计基础"课程为例[J].中小学电教(教学),2021(08):27-28.

[66]王君君,何唯.疫情背景下理实一体化课程教学模式改革探究——以"电机及电气控制"课程为例[J].南方农机,2021,52(15):180-181.

[67]古青菲,袁荣京.新形势下职业教育混合式在线教学设计与应用[J].广东交通职业技术学院学报,2021,20(03):48-52.

[68]杨平,范冰,肖海慧.基于"生物化学"网络学习空间开展线上线下混合式

教学模式的研究[J].现代盐化工,2021,48(04):152-153.

[69]胡拔香,丁广炜.基于在线开放的课程建设及教学改革实践——以工程力学应用课程为例[J].辽宁省交通高等专科学校学报,2021,23(04):83-86.

[70]鞠媛媛.新时代职业教育混合式教学生态构建研究[J].产业与科技论坛,2021,20(16):245-246.

[71]尹杨坚.职业能力培养视角下高职院校在线开放课程的建设研究——以商业类展示设计课程为例[J].美与时代(上),2021(08):126-130.

[72]冉潇琦,牛彦敏.同步异步混合式在线教学模式设计与实践[J].电脑知识与技术,2021,17(23):231-234.

[73]吴煌,邓斌.在线开放课程背景下 MS Office 高级应用课程改革研究[J].电脑知识与技术,2021,17(23):247-248.

[74]周绪红,陈朝晖,李正良.工程学科在线开放课程体系建设的探索与创新[J].中国大学教学,2021(08):16-20.

[75]谷世乾,李伟.一流课程可持续发展之我国在线开放课程政策分析与建议[J].中国大学教学,2021(08):79-85.

[76]周德青,杨现民,李新.在线开放课程的学习者评价数据分析框架研究——以"中小学教师数据素养"在线开放课程为例[J].现代教育技术,2021,31(08):92-101.

[77]周旺,贵颖祺.职教改革多因素影响下的优质精品课程重塑[J].中国多媒体与网络教学学报(中旬刊),2021(08):102-104+108.

[78]肖昆,杨亚新,张华.基于 OBE 的"核技术勘查"在线开放课程体系构建[J].教育教学论坛,2021(32):124-127.

[79]赵艳影."工程力学"双语教学在线开放课程的建设与思考[J].教育教学论坛,2021(32):136-139.

后　记

　　不知不觉间，本书的撰写工作已经接近尾声，颇有不舍之情。本书是作者对在线开放课程与教学创新深入研究后撰写的作品，倾注了作者的全部心血，但是想到本书的出版能够为在线开放课程的教学创新提供一定的帮助，作者颇感欣慰。同时，本书在创作过程中得到社会各界的广泛支持，在此表示深深的感激与感谢！

　　本书在撰写与研究的过程中，作者首先通过科学的收集方法，确定了该论题的基本概况，并设计出研究的框架，从整体上确定了论题的走向，随之展开层层论述；其次，作者对在线开放课程的需求内容进行了探究，从理论和实践角度进行解读，进而明确在线开放课程的实践路径；最后，作者对在线开放课程的典型案例进行了分析，并对其创新发展进行展望，通过有理有据的阐述得到人们的认可，能够为在线开放课程的教学创新提供实际应用。